U0671801

本书为吉林省教育科学"十四五"规划 2023 年度重点课题"高校校企联合培养创新人才模式研究"（ZD23045）阶段性研究成果；

2024 年度吉林省科技发展计划项目"吉林省两业融合发展现状与推进研究"阶段性研究成果；

吉林财经大学物流产业经济与智能物流实验室 2022 年度开放基金项目"产销分离模式的数智化精细管理"（2022KFJJ007）阶段性研究成果；

吉林省发展和改革委员会 2022 年度重大课题"吉林省先进制造业和现代服务业融合发展现状和路径研究"阶段性研究成果。

吉林省 PPP 模式运行现状
与发展对策研究

Research on the Current Situation
and Development Strategies of PPP Mode in Jilin Province

李硕　李阳　刘宇涛　刘东来　著

社会科学文献出版社
SOCIAL SCIENCES ACADEMIC PRESS (CHINA)

目　录

| 第一章 |

PPP 模式概述

一　PPP 模式的概念

PPP（Public-Private-Partnership）模式是指政府在提供某项公共服务或者进行城市基础设施项目的建设过程中与私人组织形成的一种合作模式，也被称为公共私营合作制。在 PPP 模式下，政府与私人组织形成的合作关系为伙伴关系，其合作基础为特许权协议，双方签署合同，明确在 PPP 模式下的权责分配，以合同约束力保证 PPP 模式项目的顺利实施，并确保在项目完成以后双方都能得到预期的利益。

第一个"P"（Public）是指政府机构、政府预算资金或者公共部门，可能是一级政府部门（机构、单位），也可能是两个平级的政府部门。由承担保障相关资产或服务提供的合同主管部门担当 PPP 模式项目的公共部门一方，执行 PPP 模式项目，承担管理公私合同的责任。负责监督公私合作实施的政府主管部门可以根据公私合作相关的法律或政策来明确。政府不做市场能做的、国企不做民营企业能做的、政府不做社会组织能做的，即履行"不与民争利"的原则。为了充分发挥市场配置资源的优势，无论是在传统领域还是在新兴产业中，尽可能让市场起关键性作用，政府部门一般情况下不参与 PPP 模式项目的具体实施工作，主要工作是做好 PPP 模式的整体布局、制定相关政策调整机制、关注并管理合同的实施情况等。

第二个"P"（Private）是指社会（民间）资本、民营（私营）企业或者私营部门，可以是一人公司、合伙制公司、有限责任公司或股份公司等，主要负责 PPP 模式项目的设计、建设、运营、维护，遵循"以正当手段获取利益"的准则，同时承担一定的风险，在一般情况下重要风险和项目实施责任由私营部门承担。为了预防设计单位和施工单位形成 PPP 模式项目之外的小团体，股东之间应着重筹划设计施工总承包办法。

第三个"P"（Partnership）是指一种新型合作关系，也是投融资形式的一种创新，即公共部门和私营部门以提供公共产品或服务为基础签署的长期合同。商业银行、金融机构自有资金以及其他法律法规准予的资本，都能以股权投资的形式作为私营部门加入 PPP 模式项目，例如一些国家主权外债。其他金融资本、信托、保险、基金可以债权投资的形式加入其中，只收利息，不参与 PPP 模式项目实施管理，避免形成关联交易事项。

二　PPP 模式的作用

（一）PPP 模式是项目融资模式的新形式

PPP 模式项目的融资基础不是项目发起者或投资者的资信。PPP 模式项目主体需要依据项目的预计盈利、资产以及政府扶持办法来规划融资。这是一种以项目为主体的融资活动和融资实现形式。清偿贷款的资金来自筹办项目的直接盈利和由政府扶持所带来的收益，而贷款由政府提供安全保证并成为项目企业的资产。

（二）PPP模式有助于提高效率，降低风险

以特许权协议为前提，实行全程合作，政府公共部门与私营部门联合起来对项目整体的运行履行责任。将社会资本引入PPP模式项目，让社会资本参与基础设施建设项目的确认、设计和可行性研究等前期工作，有利于减少社会资本的投资风险，同时社会资本的有效投资经营管理方式与技术有助于更好地对项目实施与经营进行监控，从而减少PPP模式项目建设投资的风险，更好地保证公共部门与私营部门双方的利益，也可以缩短项目建设周期，降低资产负债率以及项目运作成本。

（三）PPP模式满足了民营企业的利益诉求

没有利益可谋求的基础设施项目是无法吸引民营企业投资的，既可以偿还借款又有投资收益的项目才能成为民营企业的投资目标。而政府给予民营企业一定政策扶持（如提高民营企业投资城市轨道交通项目积极性的纳税优惠、贷款担保、沿线土地优先开发权等）作为弥补的PPP模式，充分地解决了这个问题。

（四）PPP模式提升项目整体质量

在PPP模式项目中，城市基础设施的筹划和实施由公共部门及私营部门一起参与，由民营企业进行项目投资，这样不但能增加项目本金数量，而且能够降低资产负债率，节约政府投资，转移项目的一部分风险，同时凭借民营企业的技术和管理经验可以提升建设的专业度并缩短工期。公共部门及私营部门能够达成共赢的长久目标，从而为社会和公众提供更稳定、更优质的服务。

三　PPP 模式的运作形式

从广义层面讲，PPP 模式的应用范围很广，从简单的短期（有或没有投资需求）管理合同到包含资金、规划、建设、运营、维修和资产剥离等内容的长期合同。PPP 模式对需要建设服务大众的基础设施的国家和地区有至关重要的作用，特别是对那些需要高技能工人和大笔资金投入的大项目来说十分有益。广义层面的 PPP 模式运作形式主要包括以下几种。

（一）融资性质的 PPP 模式运作形式

1. 建设—经营—转移（BOT）

建设—经营—转移（BOT）是指在指定的时间范围里，委托私营部门合作对象融资、规划、建设和运营基础设施并向用户收取费用，到期后将所有权和经营权移交给公共部门。该运作形式有以下几个特点：第一，以特许经营为基础，通常将以前由政府部门负责建立和运营的基础设施的专营权授予民营企业（以招标形式）；第二，在特许期限内，由获专营权的民营企业承担项目的建设、运营、管理，并用盈利归还贷款；第三，特许期满，该项基础设施由民营企业以有偿或者无偿的方式转交给政府部门。

2. 民间主动融资（PFI）

民间主动融资（PFI）是指政府根据公众对基础设施的要求提出需要建设的项目，由拥有特许权的民营企业通过招投标的方式对公共基础设施项目进行建设与经营，并将所经营的项目于特许期（一般为 30 年左右）满时完整地交还给政府（没有贷款）。在项目中，民营企业为了收回成本，可以从政府或服务接受方收取费用。PFI 是对 BOT 的优化。

PFI 与 BOT 的不同主要包括以下几个方面。

一是 PFI 是单一的项目主体。BOT 的项目主体为本国民营企业或外国企业等非政府机构。我国为了充分发挥社会资本的作用，一般情况下，由民营企业组合成 PFI 的项目主体。因此，与 BOT 形式相比，PFI 的项目主体较为单一。

二是 PFI 实行开放的项目运营形式。BOT 由政府敲定计划，再实行招标商谈。实行开放式管理的 PFI 由政府依据公众要求提交项目备选计划，而后在与民营企业交涉洽谈的过程中选定最后的计划。另外，结合政府和民营企业的资金、预期收益和合同限期等各个方面的因素，确定项目所在地的土地供给形式及未来的盈利划分或政府补给资金情况等。与 PFI 不同的是，BOT 从最开始就对这些情况设有结构性的文件规定，如 BOT 的土地供给通常要求政府对最小盈利等做出有效担保，而在 PFI 形式中，土地由政府无偿供给，不需要商谈。所以与 BOT 相比，PFI 更具变通性。

三是 PFI 全方位实行代理制。BOT 只需要把考察和规划等初期工作以及建设、经营中的部分工作委派给相关专业组织，因为一般情况下，BOT 中的民营企业作为项目开发主体具有建设开发能力。而 PFI 中的民营企业一般不具有开发能力，在项目开发进程中需要广泛运用各种代理关系，并且为尽量避免项目开发中的风险，这些代理关系一般会在投标书和合同中确切列示。

四是项目经营权在合同到期后的回收方式不同。BOT 有确切要求，当特许权到期时，所建项目将无偿地移交政府持有和经营。而在 PFI 形式中，合同到期后，若正常运营的民营企业没有实现合同商定的盈利，还可以继续持有或以续租的形式获取经营权。

3. 建设—持有—经营—转移（BOOT）

建设—持有—经营—转移（BOOT）是 BOT 的具体表现形式之一，它明确了 BOT 的所有权，在特许期内，BOOT 项目公司既有经营权又有所有权。特许权到期后民营企业将这些设施的所有权和经营权转移给政府。

4. 建设—转移（BT）

在建设—转移（BT）形式下，民营企业与政府签订合同，由民营企业负责融资和项目建设，在规定期限内将项目建设完毕并转交给政府，政府根据事先签订的回购协议分期向民营企业支付项目总投资及回报。

BT 具体是指项目发起人委托承包人对项目进行投资建设并在建设完成后全部转移给项目发起人，项目发起人用建设期以及工程结束后所筹集的资金，来归还承包人的投资本金及利息的一种新型项目运营形式。它是工程建造管控的一种创新，有效解决了因建造部门资金吃紧而让工程难以实施的问题，其中较多的是一些政府带头开发融资的公益性项目，因此该形式在国内有很大的发展空间。

利用 BT，许多绩效优、现金充裕、具备投资能力的总承包公司就能够增加市场占有量，扩大公司运营的范围，拓宽公司的业务量。简单来说，BT 就是社会资本融资、建设，建设完成以后交给政府回购，政府回购时考虑社会资本的合理盈利。

5. 建设—转移—经营（BTO）

建设—转移—经营（BTO）是指投资并承担基础设施项目建设任务的民营企业，建设完成后将基础设施所有权转移给政府，之后政府再与其签订委托运营该基础设施的长期合同。采用这种形式主要是因为项目具有很强的公益性和公共性，因此不宜让承建企业在建设期间就享有所有权，要在整体项目完工后将所有权归还政府，之后再由项目公司进行维护经营。这也是 BOT 投资方式的一种演变。

6. 改建—经营—转移（ROT）

改建—经营—转移（ROT）是指承建企业负责基础设施的经营管理，包括改建/扩建项目的资金筹集、建造及经营管理，到期时将所有设施无偿转移给政府。

以医院为例，ROT 是指在划分医院所有权和经营权的基础上，作为合作方的医疗集团负责医院的经营管理，而政府负责设计改革准则、制订计划、业绩考察和监测管控。医院的公益职责、非营利性质、国有资产属性、政府管控、职工身份、党团工会妇联等机构体系、医院名称不变；为实行管办分离，设立以理事会为经营决策组织的现代医院法人管理体系；为实现所有权、决策权、执行权和监管权的分离，变革决策制度；为实行政事分离，变革经营制度，由传统医院运营机制向现代医院管理机制转换；将以前单一的行政监管转换为政府、监事会、第三方共同合作的多元监管，转换监管制度；转变投入制度，将政府单一投入转换为政府及社会资本共同投入。

7. 规划建设（DB）

在规划建设（DB）形式下，为了满足项目的公共目标和公益属性，民营企业承建者规划和建设基础设施大多实行固定价格，并且要由民营企业承担全部风险。

DB 采用三元管理体制，具有以下特点。第一，政府采用较为严格的控制机制。政府委托工程师对总承包商进行全过程监督管理，过程控制比较严格，且政府对项目有一定的控制权，对方案设计、建造过程等均采用较为严格的控制机制。第二，以施工为主，依据政府确认的施工图进行施工，由工程师全程监督和管理。第三，总承包商负责与设计单位、供应商等协调。第四，DB 合同为可调总价合同。

8. 规划—建设—融资—经营（DB-FO）

规划—建设—融资—经营（DB-FO）这种形式是由承建的私营部门负责规划、建设和项目融资，以长期租赁的形式运行和维护项目并获得回报。当租约到期时，私营部门将基础设施转交给公共部门。

最典型的例子英国北威尔士高速公路建设项目就是以 DB-FO 为基础，项目的规划、建设、融资、经营都由威尔士政府授权给私营部门，由私营部门对道路进行建造，并长期管理建成的道路。私营部门事先估计合约期（30 年）内的通行车辆数，并向政府收取费用（影子通行费），收回投入的资本。合约到期时将道路移交给政府。

9. 建设—持有—经营（BOO）

建设—持有—经营（BOO）是指基础设施项目由私营部门承建者负责投资、建设、持有并持续经营。在与政府签订的合同中已列示保证公益性的约束条件，并且由政府在合同存续期内进行持续监管。

政府负责宏观调控、环境建设、提出项目建设需求，政府使用建成后的硬件设施和软件体系，需要向承建企业支付使用费，而项目的规划、建设、经营、维护、培训等工作由民营企业负责，民营企业拥有硬件设施及软件体系的所有权，这是一种逐步推行的市场化经营的新形式。这一形式展现了整体设计、分步实行、政府监管、民营企业经营的建、管、护一体化准则。

10. 购买—建设—经营（BBO）

购买—建设—经营（BBO）是指公有资产在特定时期内，以法律的形式移交给民营企业的合作者。

11. 建设—租赁—经营—转移（BLOT）

建设—租赁—经营—转移（BLOT）是指民营企业与政府签订租赁合同，由民营企业在政府提供的土地上投资、建设公共基础设施，并在租赁期内负责经营该设施。合同结束后将该设施移交给政府。河南省荥阳市人民医院整体建设 PPP 模式项目采取了该运作形式。

（二）非融资性质的 PPP 模式运作形式

1. 作业外包

作业外包是指为了达成资源集中化和只关注核心事务的目标，一些作业性、辅助性工作由政府或政府性企业以签订外包合同并支付费用的形式，授权给外部公司或个人来完成。

2. 经营与维护（O&M）

经营与维护（O&M）是指政府将现有公共资产的经营维护委托给社会资本或民营企业，在合同期限内，政府仍然拥有公共资产的所有权，只向民营企业支付委托运营费。合同期限一般不超过 8 年。

3. 转移—经营—转移（TOT）

转移—经营—转移（TOT）是最近几年国际上非常受欢迎的一种项目投资形式，是指基础设施由政府转移给民营企业（由民营企业支付一笔转让费用）经营，到期时民营企业再将设施无偿转移给政府，这也是 BOT 形式的创新。在 TOT 形式下，建造完成的项目在一定期限内的所有权和运营权由政府或国企有偿地移交给民营企业进行经营管理；在约定期限内，民营企业通过经营项目收回所有投资并获得合理收益，合约到期时，民营企业再将项目交回给政府或原机构。

4. 产权/股权转让

在该形式下，为实现融资多元化和公司治理的有效性，政府将国有独资或控股企业的一部分产权/股权转移给民营企业，同时授予新合资公司在特定区域和期限内经营指定业务的特许权。

5. 合作合资

在该形式下，政府将原来由国有独资企业负责运营的公共资产交由公共部门与私营部门（一般出资方式为现金）共同建立的合资公司负责运营，同时授予合资公司在特定区域和限期内经营指定业务的特许权。

四　PPP 模式发展阶段与特征

（一）我国 PPP 模式发展阶段

1. 第一阶段（1984～2002 年）：探索崛起阶段

中国实行改革开放以后，引进外资推动经济建设，因为当时我国存在资金短缺。外商直接投资（FDI）支持了中国经济飞速发展和基础设施建设。在此背景下，当时在世界上刚刚萌芽的 BOT 形式通过外商投资进入中国。

深圳市的沙角 B 电厂项目是中国首个 BOT 项目，由深圳经济特区电力开发公司与香港合和电力（中国）有限公司于 1985 年合作兴建。2000 年，该项目 15 年特许经营期满，顺利转移给当地政府。条件受限、操作体系简陋、文件不够完善在一定程度上限制了沙角 B 电厂 BOT 项目的发展。1992 年，党的十四大提出建立社会主义市场经济体制，国家开始进行投融资体制改革。1994 年，国家计委选定 5 个 BOT 项目为试点，其中来宾 B 电厂项目成为首个国家批准的 BOT 项目。之后，为推行 PPP 模式项目，国家又出台了一系列政策，各个地方政府也积极试点，此阶段共推行了 90 多个项目，成功与失败的案例都有。

整体来看，此阶段的特征有以下三个：第一，项目主要应用于交通、能源、水务和垃圾处理领域；第二，经验丰富的外商加入和国际化运作保证了项目顺利完成，并推进 PPP 模式项目的本土化，此阶段的投资者以外商为主；第三，限制 PPP 模式大规模推进的因素主要是初期筹划与招商时间长、成本高、技术壁垒强。

2. 第二阶段（2003 ~ 2008 年）：稳步推广阶段

2002 年，党的十六大着重强调市场机制的作用，作为基础设施建设行业主管部门的原建设部连续出台了一系列推进和规范 PPP 模式应用的文件，这使 PPP 模式项目有了更权威的依据。各地 PPP 模式项目在国家的有效推动下，掀起了一个高潮。国家体育场（鸟巢）和北京地铁四号线是此阶段影响深远的标志性案例。

此阶段的特征有以下三个：第一，自来水、污水处理、垃圾处理、供暖等市政公用事业是 PPP 模式项目的主要应用领域，其中位于主导地位的是污水处理项目；第二，为了显著减少费用，增强公平性，避免违法行为，使运营有效规范，项目通常都以公开招标的方式选择投资人，这也让地方政府拥有较大的主动权，保护了公共利益；第三，为了减少初期的交易费用和工作时间，有效推动 PPP 模式项目的实施，形成了相对成熟的操作程序、运营方式和工作模板。

3. 第三阶段（2009 ~ 2013 年）：波动发展阶段

2008 年，世界金融格局受到金融危机的影响，中国 PPP 模式项目的发展进程也受到较大影响。中国政府出台"四万亿计划"应对危机，政府财政资金和信贷资金大规模投入基础设施领域，这使 PPP 模式项目受到巨大冲击。许多处于初期阶段的 PPP 模式项目由 PPP 合资或者民间资本出资的模式直接转为政府投资，这对私人资本产生了严重的挤出效应。

此阶段的特征有以下两个：第一，国有企业以政府资源为基础，实力强、信用高，受到地方政府和银行的青睐，在市场上拥有绝对主导地位，这一阶段国有企业开始采用 PPP 模式参与基础设施建设，形成了政府和国企合作的中国特色 PPP 模式；第二，我国早期 PPP 模式以银行信贷为主，投资方式比较简单，随着项目资金需求不断增加和金融市场不断完善，企业债、信托等多元投资方式在 PPP 模式中的比重不断提升。

4. 第四阶段（2014 年至今）：新跃进阶段

从 2013 年底开始，财政部主导推出了有关 PPP 模式的许多政策，力度强、范围大，政策出台密集，掀起了 PPP 模式项目的又一轮热潮，强力推动 PPP 模式发展，使地方政府债务问题得到很大程度的解决。

（二）中国式 PPP 模式特征

1. 中国式 PPP 模式与政治经济体制运行紧密相连

在宏观方面，中央政府希望由此达到政府投融资市场化转型的目标；在微观方面，各级地方政府积极与社会资本合作也是希望通过民营企业解决融资困难的问题。所以，中央政府是中国式 PPP 模式的召集者和倡导者，地方政府是中国式 PPP 模式的实践者，中国式 PPP 模式的运行与中国政治经济体制紧密相连。

2. 融资和公平是中国式 PPP 模式的目标

提升公共产品的供给效率是西方推行 PPP 模式的目的，但是提升供给效率也可能以增加同时期的地方政府债务及融资管理问题为代价，这样 PPP 模式就无法实现公平目标。而除了 PPP 模式，非公有制经济发展的公平目标也可以通过国有企业混合所有制改革实现。也就是说，地方政府采用 PPP 模式实现提升公共产品供给效率的目标必须以同时实现融资和公平为前提。

3. 中国式 PPP 模式的政策规范不断完善

在 PPP 模式发展的初期，大多数地方政府自己推进 PPP 模式项目建设，缺少中央政府的政策规范。2014 年 8 月以来，由国务院、国家发展改革委、财政部、中国人民银行、各行业主管部门以及上述部门联合制定的 PPP 政策开始大量出台，这标志着中国 PPP 模式发展具有了确切的政策指向性和操作指南，国家政策由欠缺走向不断完善。

4. 中国式 PPP 模式需面对复杂的社会资本

政府以外的所有合法经济主体（如国有企业、民营企业和居民个人）都属于社会资本。西方国家的社会资本大都是私人资本，因为西方国家国企数量少，国有资本的效力通常可以忽略不计。然而，中国的情况与西方国家不同，政府与社会资本的合作包括与国有企业合作，这是因为中国政府与国企的关系紧密，国企规模大、经济控制力强。在中国独特的市场经济转型进程中，民营企业虽然大量涌现，但是普遍实力较弱，政府与民营企业合作就需要制定比较复杂的针对民营企业的政策。同时，混合所有制改革为国企改革开辟新路，也为国企与民企合作带来机遇，对政府与社会资本合作起到了关键作用。

5. 互利共生的中国式 PPP 模式与改革

第一，与外国相比，中国式 PPP 模式承担的责任重大，因为中国把 PPP 模式提升到政府与社会资本协作的高度，而在国外，

PPP 模式通常被列入级别略低的项目管理范围。

第二，全面深化改革有利于推动中国式 PPP 模式发展。要想推动中国式 PPP 模式发展，政府就要制定诸多配套改革方案（如包含地方政府投融资平台转型在内的债务治理层面的革新），实现投融资市场化转型。

第三，PPP 模式立法的修订与革新。国家要依据 PPP 模式对《中华人民共和国公司法》《中华人民共和国招标投标法》《中华人民共和国政府采购法》等做出相应修订。

第四，革新行政管理体系。在政府部门中，关键是要适当协调各级发展改革委、财政部门与交通、水务、教育、文化等行业主管部门之间的关系，有效提升政府服务效力，完善政府管理 PPP 模式项目的职能和制度，改进 PPP 模式购买体系等。

第五，针对 PPP 模式项目的制度改革可能同时产生正面和负面的效果。完善的制度能够给 PPP 模式带来一定的优势，这是一种正面效应。相反，若 PPP 模式在推进过程中出现问题，就会产生负面效应，如财政预算修正不完善、国企和政府投融资平台改革没有达到预期、地方政府不赞成革新等。这些都会影响 PPP 模式的推进。

6. 外部环境的复杂性影响中国式 PPP 模式

第一，管理落后，技术以及人才缺乏。当前，地方政府缺乏能够满足需求的技术人才，难以规划实施与现实相符合的 PPP 模式项目，可以同社会资本协作，利用金融或研究部门的专业能力，弥补管理落后、技术与人才缺乏的问题。

第二，严厉打击腐败，政企关系复杂。最近几年，现有的政府投融资治理体系弊端显现，政府基础设施建设和公共服务领域的腐败事件层出不穷，而政府实施 PPP 模式可以在一定程度上改善政府与企业之间的不良关系。

第三，政府不诚信行为屡屡发生，造成负面效应。社会资本得不到投资回报，会对与政府合作产生不信任。最近几年，由于投资负债率提高，地方政府的信用等级都有所下调，加大了 PPP 模式项目的实施难度。

五　发展 PPP 模式的现实意义

具有较强公共特征的 PPP 模式可以与政府职责和民营企业的要求充分结合，有助于实现共赢，而效率和应用是 PPP 模式的优势所在。

首先，PPP 模式具有效率优势。通过 PPP 模式，公共部门与民营企业遵守自由、平等、守信的原则，共担风险、共享收益，实现共赢。PPP 模式具备多主体供给与负责的特征，与政府直采相比，可以充分利用政府资金的带头及杠杆作用，力求资金来源多样。这不仅提高了公共产品的供给效率和品质，还增强了基础设施建设水准。对政府来说，为了防止地方政府负债增多，可以通过引入民营企业加大投资实现公共产品和服务的供给。相应地，为了提升公共产品的供给效率、降低供给成本，政府可以利用民营企业的创新技术和超前经营理念。对民营企业来说，政府能够在融资途径、纳税优惠、财政扶持等方面给予保证，两者的合作能够显著降低项目风险。在保证双方利益的同时，结合公私两部门的长处，最大限度地实现社会效益。

其次，PPP 模式具有应用优势。第一，PPP 模式使资源配置更合理。一是采取民营企业竞争准入的方式，摆脱了原来公共部门作为主要提供者而缺乏活力的困境；二是民营企业的专业技术和创新能力不仅能够减少财政资金投入，而且能够让公共产品和服务的品质得到保证，达到收入增加的目的；三是民营企业对长期成本的规划能够达到节省开支的目的；四是由一方承担风险变成了多方共同承担风险。第二，PPP 模式能够减少政府财政支出。因为公共产品建设（基础设施项目最为明显）投入资金多、投资周期长，当经济出现危机、政府财政困难时，政府会对公共基础设施建设心有余而力不足。但基础设施建设关系到民众的福祉，建设呼声很高。PPP 模式是一种新路径和新选择，可以弥补政府基础设施建设资金欠缺的问题，减少政府财政支出，引进社会资本，这不仅满足了公众的需求，而且拓宽了社会资本融资路径。第三，PPP 模式可以降低项目建设经营的成本。PPP 模式充分利用民营企业追求利益最大化的特性，促进项目规划最优化，并推动引进先进设备、完善管理。第四，PPP 模式可以提高公共产品与服务的供给水准。PPP 模式项目的合同中明确规定民营企业在实现自身利益的同时也要注重公共产品与服务的品质，如公共产品与服务的数量、质量和标准。所以，民营企业的目标就是在提升自身利益的同时最大限度保障公共产品与服务的品质。另外，民营企业具备专业能力、人才、管理经验等，也有助于提高公共产品与服务的供给水准。

PPP 模式具有许多益处，推广 PPP 模式能够给中国经济社会的进程带来深远影响。

第一，加大了融资来源的多样性，减轻了公共部门的财政压力。中国是最大的发展中国家，对基础设施建设仍然存在极大需求。中国经济正处于改革提升品质的阶段，财政收入下降是必然趋势。财政的主要目标是保障人民生活，而人民对生活品质的要求不断提高，民生支出的比例不断提高。因此财政收入与支出就存在一定的失衡。政府与民营企业合作有助于扩大资金来源。PPP模式引入民营企业参与基础设施建设，在一定程度上减轻了政府的压力。

第二，PPP 模式可以减轻地方政府负债压力，改变地方政府负债增多的形势。在经济快速发展进程中，市政建设、交通设施等基础设施建设需求急切。这导致了地方政府债务增多，而轨道交通、市政供水等项目需要定期注入资金，引入民营企业可以减轻地方政府债务压力。

第三，发挥市场主导作用，改变政府决策方式。在过去的基础设施建设中，政府部门对于项目建设的每一步都实施监控，这在一些经营性项目中尤为明显。市场机制无法有效发挥资源配置作用，政府部门也由于权责不清等现实因素无法做到管控到位。与传统形式相比，PPP 模式的优势在于民营企业负责项目实施、设计等，保障工作由政府承担，这样双方就可以履行好各自的职责。政府部门由以前的项目供给方转变为合作方和管控方，由市场发挥优化资源配置的决定性作用，充分展现其优势。

第四，提升了公共服务水准，同时提高了双方的资金利用率。政府主要负责公共产品和服务的供给，但是单一供应主体不能产生有效竞争。竞争会带来效率的提升，带来创新并实现多赢。民营企业的加入在很大程度上刺激了市场活力，创新公共服务供给并实现双赢。政府采取 PPP 模式能够用更小的成本提供更多服务。通过 PPP 模式，政府转换身份，成为基础设施建设的管控方，而民营企业在高标准达成政府要求的同时可以实现自身盈利。为了使各方资本实效不断增强、公众拥有更优质的公共服务，政府与民营企业要共同合作、协调配合。

PPP 模式的发展几经周折，很多民营企业对 PPP 模式持观望态度，而当前政府有利用其来填补资金缺口的意愿。只有抓紧修订各项法律法规，提供更好的融资路径、纳税优惠和财政扶持，才能促进 PPP 模式更好发展，才能更好地发挥 PPP 模式在中国经济建设中的积极作用。

第二章

全球 PPP 模式概况

一 国外 PPP 模式简介

20 世纪 80 年代，现代意义的 PPP 模式在英国出现。1979 年，由于财政收支失衡，撒切尔夫人开始推进社会资本参与政府建设项目。1992 年，为了吸引私营企业建设基础设施项目，英国推行了 PFI。当时的英国财政大臣肯尼斯·克拉克第一次总结性提出 PPP 模式的概念。过去二十几年内，PPP 模式在全世界的基础设施建设中得到了充分的发展。全球 PPP 模式研究机构 PWF（Public Works Financing）的研究显示，1985～2011 年，全世界基础设施 PPP 模式名义价值为 7751 亿美元（欧洲占比 45.6%，亚洲占比 24.4%，美国和加拿大分别占比 8.8% 和 5.8%，墨西哥、拉丁美洲及加勒比海地区占比 11.4%，非洲和中东地区占比 4.0%）。①从各个国家 PPP 模式的发展情况来看，英国的运行得最好，1990～2009 年英国 PPP 模式项目在欧洲占比约 2/3，随后是法国、西班

---

① 《国外 PPP 模式借鉴》，中经汇成产业规划网，http://www.chanyeguihua.com/2351.html。

牙、德国、日本、澳大利亚、美国、加拿大、中国、印度、菲律宾等国家。

一些国家的 PPP 模式之所以发展迅速，是因为这些国家具有比较完善的法律法规和运营体系。日本、德国、法国、韩国等都颁布了有关 PPP 模式的法案。英国、澳大利亚等国家虽然没有专门的 PPP 模式法案，但都在项目预估、私营企业抉择、合同管理、管控实施、政策扶持等方面出台了较为明确的规章制度。韩国在 1994 年颁布了《基础设施吸引民间资本促进法》，日本在 1997 年出台了《PFI 推进法》，法国在 2004 年推行了《合伙合同法》，德国在 2005 年颁布了《PPP 模式促进法》，美国也在各州颁布了 PPP 模式相关法律。至于管控体系，英国组建英国基础设施局（IUK），属于财政部；澳大利亚组建澳大利亚基础设施局（IAU），属于财政部；法国组建 MAAPP，属于经济财政和工业部。还有一些国家的 PPP 模式管控部门则不属于政府部门，如日本组建了 PFI 推进委员会，加拿大组建了 PPP Canada（下设 PPP 基金），德国、韩国也设立了不属于政府的 PPP 模式管控部门。

二　国外 PPP 模式发展概况

下文主要介绍英国、澳大利亚、加拿大、美国这四个代表性国家的 PPP 模式发展演变过程。

（一）英国

1. 英国 PPP 模式介绍

PPP 模式起源于英国政府和私营企业合作的投资形式，英国的 PPP 模式的推行经过了两个时期：PFI 和 PF2。PFI 是英国在 2010

年之前运行最多的 PPP 模式。PFI 是指为了加强以及保护基础设施品质，引入私营企业参与基础设施的规划、建设、投资和经营，但也出现了像政府投资上升、建设质量不过关、项目价格过高等问题。2012 年 12 月，保守党提出"PPP 模式新路径"，即 PF2，旨在降低 PPP 模式中的不确定性。PF2 不仅使 PPP 模式吸引私营企业的优势得到继续发挥，而且保证了政府股份和公平性，并持续改善项目质量。PF2 在很大程度上节约了成本、提升了效率，同时也解决了一系列其他问题，如公平性、风险承担、债务、质量与价格等。截至 2013 年末，英国有医院、学校、房屋、公路、废物废水处理等众多领域的 725 个项目运用了 PPP 模式（PFI/PF2），项目总金额达 542 亿英镑。其中，步入经营期的有 665 个。[①]

2. 英国 PPP 模式运行方式

第一，设立了 PPP 模式专业部门管理。为了使 PPP 模式得到有效运营并拥有更专业的技术，英国政府在 2000 年成立了合作伙伴关系组织（PUK）。PUK 和 PPP 模式政策小组（属于财政部）又合并组成了英国基础设施局（IUK）。IUK 的主要职责是实施全国基础设施规划，帮助政府为各个 PPP 模式项目提供技术支持。它是英国财政部的基础设施投资部门，旨在使 PPP 模式运行更加完善。2009 年，英国财政部同地方政府协会一起建立了服务于地方政府的"地方合作伙伴关系"（Local Partnerships）机构，提高了 PPP 模式技术扶助和评估服务的针对性。

第二，不断完善 PPP 模式管控体系，有针对性地设置管控体系、增强群众监督、修正法律规章等。英国把 PFI/PPP 等项目纳

---

① 闫海龙：《英国 PPP 模式发展经验借鉴及对我国的启示》，《商业经济研究》2016 年第 12 期。

入政府采购标准机制，同时制定了一系列以竞争商谈规则为基础的 PFI/PPP 法律法规。这提高了 PFI 运营和管控的标准。

第三，不断修订 PPP 模式法律制度。英国没有出台专门的 PPP 模式法案，但颁布了符合 PPP 模式运行特征的较为明确的规章制度。针对 PFI 有 3 个规章制度，分别是《应对投资风险》（2003年）、《强化长期伙伴关系》（2006年）和《基础设施采购：实现长期价值》（2008年）。针对 PF2 有 2 个规章制度，分别是《PPP模式的新方式》（2012年）和《标准化 PF2 合同》（2012年）。

第四，设置了较为全面的评价体系。英国财政部于 2004 年实行了《资金价值评估指南》《定量评价用户指南》。《资金价值评估指南》的作用是推进设立政府成本对比方案并使物有所值评价方法（Value for Money，VFM）的评估程序更加规范，《定量评价用户指南》的作用是辅助采购部门对项目资金价值做出合理预测。

3. 英国 PPP 模式实施特征

第一，英国 PPP 模式主要应用于医疗、教育、交通等领域。

第二，英国 PPP 模式主要使用公共部门付费的 PFI/PF2 形式，较少使用用户买单的特许经营形式（如英国的教育、医疗不需要民众付费）。

第三，政府的股份投资由新成立的中央控制单元（Central Government Unit，CPU）负责，CPU 享有与私营企业投资者相同的权利。

第四，经营期很长的 PPP 模式项目占比较高，如 20~30 年期项目占比超过 80%。

（二）澳大利亚

1. 澳大利亚 PPP 模式简述

澳大利亚的 PPP 模式同样处于世界领先地位，但与英国存在很大差异。澳大利亚的 PPP 模式是从下到上发展的，最初由各州自己管理，其中维多利亚州是 PPP 模式发展的最主要地区。各州政府通过出台一系列规章制度，对 PPP 模式进行了不断改进。因此，澳大利亚的 PPP 模式具有发展不均衡、信息不公开、效率不够高等缺点。

为了实现全国统一管理，澳大利亚于 2008 年颁布《澳大利亚基础设施法案》，建立了澳大利亚基础设施局（IAU）。与此同时，《国家 PPP 政策及指引》出台，各州政府的原有关文件被废止，PPP 模式项目的管理在整个澳大利亚得以统一规范。政府部门采取的一系列措施拉动了私营企业投资，进一步推进了 PPP 模式的发展。

2. 澳大利亚 PPP 模式运行特征

第一，不断完善法律规章制度。澳大利亚推出了国家 PPP 模式政策框架、国家 PPP 模式指导原则，包括招标说明、公共项目指标比较说明、风险承担指导原则、合同管理指导原则、财务计算方法等。政府将这些运用到 PPP 模式项目的各个流程中，使 PPP 模式操作程序更加完善。在项目实施进程中，为了让所有项目都按规章制度运作并结合现实情况设置合同条款，各州的 PPP 模式管理部门和 PPP 模式审查组织互相协调。同时，澳大利亚 PPP 模式项目运行极具变通性，这是因为其构建了有效的部门架构，制定了恰当的指导原则。

第二，不断规范合同制度。澳大利亚在 2008 年发布了社会基础设施规范合同示例，在 2011 年发布了经济基础设施规范合同示例，推动了 PPP 模式项目发展，减少了合同中的双方冲突，改善了 PPP 模式参与者复杂、时间长、投资大的问题。合同示例清晰分配了双方的权责利，再加上规范的审批流程，PPP 模式达到了物

23

有所值、公平追责的标准。

（三）加拿大

1. 加拿大 PPP 模式内涵

加拿大 PPP 模式拥有独特的国家政策和发展历史，加拿大 PPP 模式是以加拿大公私合作委员会（CCPPP）的定义为基础的，依据政府和私营企业双方的优势和特征，更好地配置资源、风险和利益，促进政府和私营企业合作投资，最大限度满足公众的要求。政府要求 PPP 模式项目达到两个要求：项目与基础设施或公共服务有关联性；不同机构间可以转移风险。如果项目无法同时达到上述两个要求，就不能作为 PPP 模式项目。

2. 加拿大 PPP 模式主体形式

一是单纯资金支持（Finance Only），是指以金融服务机构为主的私人资本以各种形式（如长期租赁或发行债券）直接为项目投入资金。

二是经营与维护（O&M），是指在特定时期内政府与私营企业以合同为基础经营基础设施，政府具有基础设施的所有权，私营企业承担项目的建设和经营。

三是建设—投资（BF），是指项目建设、经营及资金投入由私营企业负责，在合同期内，政府仍拥有所有权。

四是规划—建设—投资—维护（DBFM），是指较长的期限内，私营企业承担项目规划、建设、投资工作，同时负责硬件设施的管控和维护工作。

五是规划—建设—投资—维护—经营（DBFMO），是指较长的期限内，私营企业承担项目规划、建设、投资工作，同时负责项目硬件和（或）软件设施管控、维护、经营工作。政府利用合同对私营企业进行监管。

六是特许经营（Concession），是指在一定时期内，私营企业具有基础设施项目的投资和经营权，到期后基础设施的所有权转移给政府机构。

上述 PPP 模式的运作形式里，私营企业参与项目的程度和风险系数由低到高排列依次为 O&M、BF、Finance Only、DBFM、DBF-MO、Concession。

3. 加拿大 PPP 模式法律法规

加拿大是联邦制国家，因此加拿大联邦政府及地方政府对隶属自己部门的 PPP 模式项目分别设立法律法规。当前，加拿大联邦政府、6 个省政府（阿尔伯塔省、不列颠哥伦比亚省、安大略省、魁北克省、新不伦瑞克省、新斯科舍省），4 个市级政府（渥太华、温哥华、埃德蒙顿、卡尔加里）都颁布了一系列有关 PPP 模式项目的法规政策。加拿大联邦政府颁布的有关 PPP 模式的法律规范有《加拿大战略性基础设施基金法》（Canada Strategic Infrastructure Fund Act），规定 PPP 模式可以用于以共赢为目的的固定资产建设项目，这里的固定资产即战略性基础设施，包括地方交通运输基础设施、水利基础设施、高速公路或铁路基础设施、污水处理基础设施、旅游或城镇发展基础设施、法律规定的其他基础设施六类。PPP 模式项目的作用在于协调政府与私营企业之间的合作关系。

（四）美国

1. 美国 PPP 模式发展进程

第一，萌芽阶段（19 世纪至 20 世纪 40 年代）。这一时期美国主要由政府投入资金建造和经营公共基础设施，但一些州政府缺少用于设计、建造高速公路和桥梁等公共基础设施的资金，因此将一些公共基础设施项目移交私营企业规划建造。但在很长一段时间内，美国并没有大力发展这种模式。此后，美国经济发展十分迅速，在很大程度上缓解了州政府的财政问题。到 20 世纪初期，美国 GDP 总量达到世界第一。除了公路基础设施，其他基础设施项目也获得了政府的资金投入。其中，公路基础设施的资金是政府通过收取燃油税、轮胎税和车辆购置税获得的。

第二，探索阶段（20 世纪 50 年代至 80 年代）。美国政府从 20 世纪 50 年代开始面临公共交通基础设施项目建设资金短缺的问题。很多设施的可使用年限不断减少，频繁出现故障，对维修保护和更新的资金需求不断增加。而随着航空业、铁路业的不断发展，以及新能源汽车的发展，美国人均行车里程不断下降，燃油税大大减少。实际购买力也因为通货膨胀而不断降低。支出不断上升和收入不断降低这两个因素让美国用于公共交通基础设施建设的资金出现短缺。美国各级政府被迫重新开始考虑引入私营企业。

第三，推广阶段（20 世纪 90 年代至 2006 年）。这一阶段，PPP 模式在美国得到了迅速发展，美国公共基础设施和服务供应效率不断上升，基础设施建设费用不断下降，公共产品和服务创新能力不断提高，公共基础设施服务品质不断提高。20 世纪 90 年代，美国吸取英国、澳大利亚和加拿大等国推行 PPP 模式的经验，开始进一步加深政府与私营企业的合作。美国的 PPP 模式发展步入了迅速发展的轨道。在这一时期，美国 PPP 模式发展最迅速的是弗吉尼亚州。1998 年，利用 PPP 模式，弗吉尼亚州政府与私营企业合作建造了一座监狱，耗费了 4200 万美元，比美国政府估计费用少了约 20%。2004 年，弗吉尼亚州出台了《公私教育法案》，该法案的主要内容是采取法律手段保证弗吉尼亚州政府与私营企业合作建造幼儿园至高中阶段的学校。① 在此之后，这项法律持续增加应用范围，PPP 模式被应用于建造经营供水、停车场、大学宿舍和医院等基础设施。PPP 模式在弗吉尼亚州得到了充分发展。随着弗吉尼亚州顺利实行 PPP 模式，其他州也开始实行 PPP 模式。

第四，加速阶段（2007 年至今）。2007 年，美国次贷危机对美国实体经济产生了巨大的冲击，政府预算急剧减少，平均人口收益迅速下降，同时金融危机在世界范围内全面爆发。在此期间，石油价格的上涨大大降低了公众使用汽车的次数，燃油税大幅下降，造成了基础设施建设和维护资金的巨大短缺。2009 年，美国政府出台了《美国复兴和再投资法案》，通过立法激励私营企业投资公共基础设施，以此弥补政府资金短缺，同时唤醒经济活力。2014 年 7 月，为了进一步确定同私营企业合作增加公共基础设施投资的政策部署，美国政府颁布了《建设美国投资提案》。美国PPP 模式正式步入加速发展时期。

2. 美国 PPP 模式现状

（1）管理机构

美国联邦政府没有设立推行 PPP 模式发展的专门部门，负责美国 PPP 模式项目设计规划的主要部门有以下几个。

美国政府和社会资本合作国家理事会（NCPPP）。它是 1985 年设立的非营利性组织，可以说是美国 PPP 模式理事会。为了给居民发布确切、及时的 PPP 模式项目信息，降低私营企业投资 PPP 模式项目的风险，美国政府和社会资本合作国家理事会为合作的私营企业提供 PPP 模式项目信息培训和查询。同时，采取设立 PPP

---

① 《美国 PPP 的发展现状及中国 PPP 发展趋势》，龙腾畅想，2017 年 4 月 7 日，http://www. ltcx. net. cn/news-content. aspx? article_id = b3c17050 − b577-4ea8-8701-784931c2d5f0。

论坛，组织 PPP 模式系列大会，建立网站、研究院以及委员会等方式促进 PPP 模式的发展。

1932 年设立的市长商业理事会是美国市长联合会下设的重要非营利性和非党派机构，它的设立旨在完善美国城市的经济环境。市长商业理事会的成员主要有美国各城市市长。市长商业理事会认为，在政府财政资金不断减少的背景下，PPP 模式会成为 21 世纪引导城市建设方向的主导因素。

联邦公路管理局通过提供技术资源和资金的方式扶持各级地方政府规划、建造和维护公共交通基础设施。该机构隶属美国运输部。联邦公路管理局极力推动采用 PPP 模式筹集建设公共交通基础设施的资金，以弥补公共交通基础设施建设和维护的资金不足，并且隶属联邦公路管理局的创新金融支持中心积极推广 PPP 模式的金融产品，从而使 PPP 模式在公共交通基础设施建设和运营中得到发展。

（2）融资工具

私人活动债券（PAB）、《交通设施金融和创新法案》（TIFIA）信贷计划和《水设施金融和创新法案》（WIFIA）信贷计划是美国联邦政府以立法方式设立的 3 个融资工具，它们推动了 PPP 模式在美国的发展。

私人活动债券是免税的债务工具，是政府的第一选择。私人活动债券最开始由美国州政府和地方政府发行。《安全、可靠、灵活、高效的运输公平法案：留给使用者的财产》于 2005 年出台，规定私人活动债券最少要将 150 亿美元的收入用来建造和维护公共交通和多式联运项目等交通基础设施。

2008～2013 年，私人活动债券投资在 PPP 模式项目总价值中占比为 17%，在 PPP 模式项目总负债中占比为 25%。此外，私人活动债券的免税条款要求用于地面交通基础设施等项目的资金必须在 95% 以上。

2008 ~ 2013 年，《交通设施金融和创新法案》信贷计划在 PPP 模式项目总价值中占比为 23%，在 PPP 模式项目总负债中占比为 35%。① 联邦政府给《交通设施金融和创新法案》信贷计划提供扶助资金，《交通设施金融和创新法案》信贷计划是私营企业和非联邦组织的主要融资渠道，《交通设施金融和创新法案》信贷计划也为公共交通基础设施 PPP 模式项目提供长期资金。

《交通设施金融和创新法案》信贷计划提供以下三种类型的信贷优惠：第一，PPP 模式项目定期贷款在总成本中占比达到 49%，可按照国债固定利率计算利息；第二，PPP 模式项目的私营企业投资人能够得到联邦政府的贷款担保；第三，若 PPP 模式项目的第一个 10 年的费用在总成本中占比小于或等于 1/3，私营企业投资人能够得到联邦政府的信贷支持。

《水设施金融和创新法案》信贷计划是由美国环境保护署管控的低利率贷款项目。政府对《水设施金融和创新法案》信贷计划给予直接的贷款担保（利率等同于长期国债固定利率）。大多数资金投入管道换新、水处理厂建设与维护、节约能源等与水处理有关的大项目，这类项目的成本在 2000 万美元以上（少于或等于 2.5 万人的社区，成本最少是 500 万美元）。《水设施金融和创新法案》信贷计划要求联邦政府的扶持必须不超过总成本的 80%，贷款额度必须不超过项目总成本的 49%。②

---

① 《美国 PPP 的发展现状及中国 PPP 发展趋势》，龙腾畅想，2017 年 4 月 7 日，http://www.ltcx.net.cn/news-content.aspx? article_ id = b3c17050-b577-4ea8-8701-784931c2d5f0。
② 《美国 PPP 的发展现状及中国 PPP 发展趋势》，龙腾畅想，2017 年 4 月 7 日，http://www.ltcx.net.cn/news-content.aspx? article_ id = b3c17050-b577-4ea8-8701-784931c2d5f0。

三 国外 PPP 模式发展对我国的启示

本书借鉴国外 PPP 模式的发展经验,对于中国改善 PPP 模式项目的推广境况、增强管控机制、实现公平与效率提出以下几点建议。

(一) 完善法律规章,改进顶层规划

PPP 模式项目的独特性要求政府针对项目企业、招标投标以及纳税优惠等出台相应的法律法规。随着 PPP 模式的不断发展,各个国家的法律法规越来越完善、相关的指导原则也越来越健全,推动了 PPP 模式规范有序运行,市场经济体制不断走向完善,各国的法律环境也变得更好。2001 年,英国出台的《公私合营指南》和《如何与选定的投标者合作》都明确了政府的监管要求,列示了投标人的一系列遴选原则,例如,投标人的财务指标、专业技能、组织和经营管理能力等。

基于此,本书针对我国 PPP 模式项目发展提出建议:逐渐将 PPP 模式这一创新型采购形式写入法律法规,完善政府采购的系列法律法规,细化政府对 PPP 模式项目的管控责任体系,规范合作方遴选原则,健全项目业绩评价制度。

PPP 模式项目建设周期较长,参与者众多,作用面十分广,为了进一步规范 PPP 模式项目中的招投标、合同签订、建造、经营、转移、管控等一系列程序,使其更加标准化,需要尽快出台相关的法律法规。以相关法律法规为依据,确定信息公开制度,要求项目透明化、合作标准公开化等,随时列示财务情况、建设进展情况等关键信息,这有利于社会大众和第三方知晓项目情况,使

接下来的项目预估、业绩审查等有据可依；明确风险承担机制，私营企业可以主要承担项目的建设、经营工作，同时获得与风险、投入对等的收益，而政策性风险、政治性风险以及汇率风险等主要由政府承担。

解决多头管控的问题，需要出台具有普遍适用性的法律规章，建立完善的法律体系，解决旧的法律体系在 PPP 模式项目运行过程中出现的技术性问题。这类法律法规应该包括划分 PPP 模式项目及其运行范围，政府审批权限、程序和管控体系，合同主要内容和风险承担标准，解除合作办法和矛盾应对原则，会计准则，信息公开、政府管控和民众参与体制等。但是，当前我国 PPP 模式主要由财政部和国家发展改革委负责管理，采用的是双向管控模式，两个部门颁布的政策有时不能有效配合，这对 PPP 模式项目的运行和发展造成了一定的阻碍。

规范和完善风险承担机制。实力最强的投资者才能够最大限度地承担和管控项目风险，并因此获得最多的项目收益，而各个合作方应对不同风险的能力存在差别。例如，政府机构在应对政治风险、法律修订风险以及提供配套服务等方面的能力比私营企业强，这些风险应由政府部门承担；私营企业对投资风险、市场风险等的控制力较强，并且这些风险与其利益相关，这些风险应该由私营企业承担；在应对不可抗力造成的风险时，应该由合作各方共同规划相关制度体系，共同承担风险。

我国现有法律规章较少，规定不够具体，使 PPP 模式项目在运行过程中缺乏灵活性，因此现有的法律规章无法帮助企业抵御风险。与此同时，现有的招投标法不能很好地运用于 PPP 模式项目。现有的招投标法以稳步推进为基础，因此招标合同里的相关内容从签订之日起不允许进行修改。但是，PPP 模式项目具有建设周期长的特性，需要根据实际进展变更合同中的相关内容。因此，不允许变更合同内容的法律规定增加了 PPP 模式项目在执行过程中的风险，阻碍了 PPP 模式的进一步发展。这些都是由于法律规章以及制度体系不够完善而在 PPP 模式项目的运行中引起的问题。政府需要更加关注有关法律法规的修订，使其更加完善，涵盖 PPP 模式项目的各个领域和流程。另外，政府也应该逐步完善原有体系，根据 PPP 模式项目的实际发展进程调整制度体系，降低合作条件、改进合作方式，尽力革新和完善 PPP 模式各环节的相关制度，包括建立完善项目定价体系、风险承担机制、投资回报制度、业绩评价制度、矛盾应对原则、管控审查制度等。

（二）建立专业的项目组，设置追踪部门

PPP 模式发展最为迅速的国家以地方 PPP 模式项目的顺利实施为起点，随后成立了全国性的 PPP 模式管理机构，辅助 PPP 模式项目提升品质管控、提高技术、加强规范化建设并提高工作效能，这类管理机构还制定和完善规章制度及管理体系，辅助政府机构规划和监管 PPP 模式项目。大多数 PPP 模式管理机构设在财政部或向财政部报告，其目的是为 PPP 模式项目提供国家层面的保证。本书由此获得启示，认为应该成立 PPP 模式管理机构，负责 PPP 模式相关法律规章制定、项目设计、审批和决定项目先后顺序，同时成立 PPP 模式技术咨询部门，指导 PPP 模式项目采购、合同管理，可以利用现有的隶属行业部委的拥有专业技能的技术咨询部门来实现这一功能。

英国、日本、印度等国家都设立了负责管理 PPP 模式的部门或者机构。我国也可以采取这样的方式，成立专门的管理机构，其主要职能是追踪 PPP 模式项目运行过程中的问题，逐步完善法律规章，对 PPP 模式进行持续不断的研究，以此对 PPP 模式项目的进一步推行提出适当可行的建议。与此同时，对 PPP 模式项目的建设过程进行管控。

PPP 模式项目的顺利运行需要各个方面的人才，因为 PPP 模式项目包括招标、合同、投资、采购、建设、经营等环节，需要法律、财务、金融、策划、技术、审计等专业人才。为了满足需求，同时又能够为 PPP 模式的发展建立一个巨大的人才储备库，政府可以设立定向培养 PPP 模式项目专业性人才的机构。

PPP 模式项目包含的工作甚广，不可能要求每个人熟练掌握所需的全部技能，因此需要建立一个 PPP 模式项目专业技能人才储备库，将具备不同专业技能的人才进行分类，然后在每个阶段调出对应的人才设立专业项目组，负责某一个项目。建立 PPP 模式人才储备库还有另一个优势，由于 PPP 模式项目所需资金巨大，许多地方政府把 PPP 模式作为一种新的投资形式，有的地方官员通过 PPP 模式项目获取个人利益。PPP 模式人才储备库可以随机组建专业项目组，进行追踪监控，这个方式可以有效达到内部监管的目标，降低谋取私利、合伙违法的风险。

（三）创新投资制度，激发市场活力

PPP 模式项目可能有高达 90% 的债务率，建立创新型投资制度能够保证 PPP 模式项目的持续发展和顺利运行。当前，银行借款（包括银团借款）是国际上应用比较多的融资工具，同时一些项目也使用多种融资工具。例如，在资本市场发行债券（包括企业债券和政府债券）以及吸引养老基金、社保基金和保险资金等加入。这些也给我国带来了一些启示，我国需要颁布相应的 PPP 模式项目投融资流程指南，规范使用开发性金融工具，变通地使用基金融资、资产证券化等多种金融工具，拓展成本合理、多样化、可持续的项目资金来源，完善金融部门的投资形式，使 PPP 模式项目能够采取收费权质押等独特的融资形式。

2016 年 12 月 21 日，国家发展改革委与中国证监会一起出台了《关于推进传统基础设施领域政府和社会资本合作（PPP）项目资产证券化相关工作的通知》，标志着 PPP 模式项目资产证券化的正式启动，进一步推进了 PPP 模式项目投资形式的创新。但是，PPP 模式项目转换性低、收益效果不显著，因此 PPP 模式项目资产证券化的使用率比预期低很多。

要鼓励投资人使用资产证券化这一投资形式，政府可以采用集合竞价、公募发行等方式。政府也可以吸引社保基金、保险资金、养老基金、住房公积金等投资，提高基金类社会资金投资在 PPP 模式中的比重，降低进入门槛、提供补偿措施，使 PPP 模式项目投资形式迸发活力。与此同时，要充分激活市场动能，充分利用财政专项资金、项目贷款等原有投资方式，而且要注重创新投资形式，这样才能使 PPP 模式得到充分发展。

PPP 模式项目建设周期长、获利能力不高、风险大，需要进行大额度中长期投资，因此要激励商业银行参与投资，改进金融工具，持续加强金融支持，解决投资问题。第一，以加拿大等国的成功做法为依据，设立由政府主导的 PPP 模式产业支持基金，提高私营企业的参与度。第二，激励商业银行主动参与 PPP 模式项目，为 PPP 模式项目全过程各环节提供金融服务。例如，银行在立项阶段作为财务顾问，参与项目遴选，列出符合要求的私营企业；在建设和经营阶段辅助项目进行投资方案规划，使项目获得有效的投资支持；在项目转移阶段，利用并购贷款等方式使项目顺利移交给政府。

（四）树立合理发展观，提升市场化标准

借鉴英国、加拿大、澳大利亚等国家 PPP 模式的主要经验，有效利用社会资本在技术、经验、管理等方面的显著优势。

划分政府职责和界限，推进项目的公开化、透明化，加强契约精神，加强政府在与私营企业合作中的调整、发展、指引、管控职责。

为保证私营企业在 PPP 模式项目运行中的核心位置，要基于实际要求，以市场化为目标，将私营企业作为市场主体，使私营企业在资金、技术等方面的显著优势得到完全体现，建设更有效率、成本更低、品质更佳的公共基础设施。

| 第三章 |

国家与吉林省及先进省份 PPP 模式政策

一　国家 PPP 模式政策

2014 年 11 月 29 日，财政部公布《财政部关于印发政府和社会资本合作模式操作指南（试行）的通知》，以规范项目识别、准备、采购、执行、移交各环节的操作流程。

2014 年 11 月 30 日，财政部发布《财政部关于政府和社会资本合作示范项目实施有关问题的通知》，后附《政府和社会资本合作模式示范项目名单》，作为国家第一批 PPP 模式典范列示。

2014 年 12 月 2 日，国家发展改革委发布《国家发展改革委关于开展政府和社会资本合作的指导意见》，后附政府和社会投资合作项目通用合同的相关指南说明。

为强化 PPP 模式合同的起草、谈判、履行、变更、解除、转让、终止直至失效的全过程管理，财政部于 2014 年 12 月 30 日发布《关于规范政府和社会资本合作合同管理工作的通知》，并随文发布了政府和社会资本合作项目试运行合同的相关指南说明。

为落实国务院的政策性指导意见，国家发展改革委和国家开发银行于 2015 年 3 月 10 日联合公布《国家发展改革委 国家开发银行关于推进开发性金融支持政府和社会资本合作有关工作的通知》。该通知为社会投资方提供了更为优惠的政策，如贷款期限延长至 30 年，可根据具体情况适当降低贷款利率。

2015 年 4 月 25 日，国家发展改革委联合财政部、中国人民银行等多个部门公布了《基础设施和公用事业特许经营管理办法》，该办法将"转变政府职能，强化政府与社会资本协商合作"作为实施原则之一，并强调行政区和部门的变动、政府负责人的改换都不能影响特许经营协议的实施。

为推进政府主动购买公共文化产品和服务，文体广电等各部门应当建设良好的环境。2015 年 5 月 5 日，《关于做好政府向社会力量购买公共文化服务工作的意见》发布。该意见公布了五条政府购买公共文化服务的指导意见，对推进 PPP 模式在公共文化服务领域的进程具有指导性意义。

2015 年 6 月 25 日，财政部公布《关于进一步做好政府和社会资本合作项目示范工作的通知》，进一步明确要加速推动首批示范项目实施，构建完善的政策保障机制，第二批 PPP 模式示范项目的上报工作也被提上日程。

2015 年 7 月 2 日，《国家发展改革委关于切实做好〈基础设施和公用事业特许经营管理办法〉贯彻实施工作的通知》发布。由此，实施《基础设施和公用事业特许经营管理办法》的关键任务和重要意义有了更为明确的指引。

2015 年 7 月 10 日，国家发展改革委、国家铁路局等联合公布《关于进一步鼓励和扩大社会资本投资建设铁路的实施意见》，点明为促进铁路事业发展，吸引社会资本作为铁路事业的投融资渠道之一是一项必不可少的措施。

2015 年 9 月 25 日，财政部发布了《关于公布第二批政府和社会资本合作示范项目的通知》，确定了 206 个基础设施项目作为第二批政府和社会资本合作示范项目，资金注入总额达到 6589 亿元。第二批 PPP 模式项目仍以公用设施（教育、医疗、排污设施等）和基础设施（高速公路、轨道交通）为主。各省按 PPP 模式示范项目数量排名，拥有 41 个项目的河南省排在首位，其次是有 18 个项目的云南省，两省示范项目数量占比分别为 19.9% 和 8.7%。

2015 年 12 月 8 日，财政部公布《关于实施政府和社会资本合作项目以奖代补政策的通知》，指出若新建项目属于中央财政 PPP 模式示范项目，在确定合作的社会资本后，财政部根据对项目投资规模的评估，发放相应的政府资金支持。其中，小于 3 亿元（不含 3 亿元）的项目可获得 300 万元的资金支持，3 亿元（含 3 亿元）到 10 亿元（含 10 亿元）的项目可获得 500 万元的资金支持，大于 10 亿元（不含 10 亿元）的项目可获得 800 万元的资金支持。财政部门统一规划政府资金支持，根据项目各阶段的情况分配各项财政支出，其中，前期建设和后续运营需要的政府资金支持占比较大。

2015 年 12 月 18 日，财政部公布《PPP 物有所值评价指引（试行）》。

2016 年 1 月初，我国政府与社会资本合作领域迎来了首部公开征询意见的法律。财政部对外公布了《中华人民共和国政府和社会资本合作法（征求意见稿）》，共 7 章 59 条。

2016 年 2 月 22 日，《财政部 交通运输部关于推进交通运输领域政府购买服务的指导意见》发布，明确要求通过引入市场机制，将交通运输领域的公路、水路、运输、事务管理等政府公共服务事项以"政府购买"的形式渐次转移给社会资本。

为保障 PPP 模式的贯彻落实，2016 年 5 月 28 日，国家发展改革委和财政部联合公布了《关于进一步共同做好政府和社会资本合作（PPP）有关工作的通知》，提出各地深化各部门的协同调整，发挥政策的协同效应，完善合理的投资回报机制，着力提高 PPP 模式项目融资效率等七个方面的具体措施，推动进一步做好 PPP 相关工作。

2016 年 6 月 8 日，财政部、住建部、交通部、国土部、环保部、水利部等 20 个部委联合公布了《关于组织开展第三批政府和社会资本合作示范项目申报筛选工作的通知》，对开展第三批 PPP 模式示范项目申报评审全流程进行了详细介绍和规范，并附有 PPP 模式示范项目的评审标准、申报 PPP 模式示范项目的材料清单。

2016 年 6 月 27 日，《国务院办公厅关于成立政府购买服务改革工作领导小组的通知》发布，领导小组由国务院副总理任组长，财政部部长任副组长，财政部在本部门设置领导小组办公室处理组内事务，财政部部长助理兼任办公室主任。

2016 年 6 月 27 日，财政部、环保部联合公布了《关于申报水污染防治领域 PPP 推介项目的通知》，要求各省级财政、环保部门要把好项目质量关，确保项目设计符合财政部关于 PPP 模式的相关规定。首先，省级单位申报的推介项目必须已经纳入政府和社会资本合作综合信息管理平台；其次，申报的项目数量不能大于10 个。

2016 年 6 月 29 日，财政部、住建部联合下发《关于申报市政公用领域 PPP 推介项目的通知》，各省级财政、住建部门要把好项目质量关，确保项目设计符合财政部关于 PPP 模式的相关规定。

首先，省级单位申报的推介项目必须已经纳入政府与社会资本合作综合信息管理平台；其次，申报的项目数量不能大于 10 个。2016 年 7 月 7 日，政府和社会资本合作模式推广现状及展望在国务院常务会议上得以呈报。国务院总理在听取汇报后，立刻做出明确的指示，为加速推动 PPP 模式立法进展，给社会资本投资创造良好的法制环境，国务院法制办将带头做此项工作。

2016 年 8 月 10 日，《国家发展改革委关于切实做好传统基础设施领域政府和社会资本合作有关工作的通知》发布。该通知指出，每个地区的发改部门应协同相关行业负责单位，贯彻落实基础设施领域的 PPP 模式推进工作。基础设施领域包括农林、水利、能源、环境保护、交通运输以及关键基础设施工程等。至此，国家发展改革委与财政部对 PPP 模式项目的职责划分更加细致、界定更加明确，正式建立了无重叠交叉领域的带头监管机制。

2016 年 10 月 11 日，《财政部关于在公共服务领域深入推进政府和社会资本合作工作的通知》发布，该通知提出，为响应供给侧结构性改革的最新要求，各级财政部门应进一步推动公共服务从政府供给向合作供给转变、从绝对平衡向相对平衡转变、从单一投资主体向多个投资主体转变。垃圾、污水处理这样的公共服务领域已经基本适应市场经济体制，对 PPP 模式的应用相对灵活，运行机制也比较成熟，项目现金流也较为稳定。对于这样的领域，中央财政应逐渐降低补助，也可要求更广泛地应用 PPP 模式。

为进一步细化财政部门在 PPP 模式项目全生命周期中的工作要求，财政部于 2016 年 9 月 24 日发布《政府和社会资本合作项目财政管理暂行办法》。该办法适用于中国境内市政、环保、农林、科技、教育、能源、交通、医疗卫生、养老、旅游等公共服务领域的各类 PPP 模式项目。

2016 年 10 月 11 日，财政部、环境保护部、交通运输部等部委联合公布《关于联合公布第三批政府和社会资本合作示范项目加快推动示范项目建设的通知》，确定了第三批 PPP 模式示范项目名单，项目数量达 516 项，拟定注入资金总额高达 11708 亿元，同时明确规定第一批、第二批示范项目中逾期没有完结且没有完成采购任务的将调出名单。第三批示范项目完成采购的截止时间初步定在 2017 年 9 月底。

2016 年 10 月 24 日，国家发展改革委公布《传统基础设施领域实施政府和社会资本合作项目工作导则》，该导则适用于市政、环保、农林、能源、交通等传统基础设施领域开展的各类 PPP 模式项目，同时明确 PPP 模式项目主要包括两个类型：政府购买服务和特许经营。关于项目融资，该导则明确列示应由项目承接公司或社会资本一方承担 PPP 模式项目的融资责任，政府相关部门不得为此背书。

2016 年 12 月 21 日，国家发展改革委、中国证监会联合发布了《关于推进传统基础设施领域政府和社会资本合作（PPP）项目资产证券化相关工作的通知》，要求各省级发展改革委在规定期限内，筛选 3 个以下在传统基础设施领域拟进行证券化融资的 PPP 模式项目并正式行文呈报给国家发展改革委。中国证监会与国家发展改革委将携手全力加速发行 PPP 模式项目资产证券化产品，而后及时总结不足，融会贯通，推而广之。该通知堪称 PPP 模式项目资产证券化的"启动仪式"，促进 PPP 模式项目存量资产有效利用，提高资金使用效率并产生效益，使 PPP 模式项目能够吸收更多社会资本注入。PPP 模式项目资产证券化在我国政府和社会资本合作的发展中具有里程碑式的意义。

2016 年 12 月 30 日,《财政部政府和社会资本合作（PPP）专家库管理办法》印发,PPP 专家库实行开放申请制,该办法明确了专家申请的具体条件,如学历、工作年限等,也明确了入库专家的工作职责、义务。

2017 年 1 月 23 日,财政部印发了《政府和社会资本合作（PPP）综合信息平台信息公开管理暂行办法》。

2017 年 2 月 17 日,为贯彻落实《关于推进传统基础设施领域政府和社会资本合作（PPP）项目资产证券化相关工作的通知》等文件,上海证券交易所下发了《关于推进传统基础设施领域政府和社会资本合作（PPP）项目资产证券化业务的通知》,同日深圳证券交易所也发布了同样的通知。该通知称,交易所成立专门的工作小组,为 PPP 模式项目资产证券化助力,指派专门人员负责相关业务。为保证受理、评审和挂牌转让的办理质量和速度,交易所筛选出高质量的 PPP 模式项目资产证券化产品,为它们开通绿色通道。该通知还称,项目申报阶段应注重及时性,实现申报、审核在时间上的无缝衔接,申报受理后,应在 5 个工作日内出示反馈意见,并在相关负责人明确反馈事项并给予反馈意见后的 3 个工作日内组织完成工作小组会议,会议应给出申报项目是否符合挂牌标准的结果。项目挂牌阶段的人员设置做到各司其职,提高挂牌程序受理效率。2017 年 2 月 17 日,中国证券投资基金业协会为全力配合中国证监会、交易所落实以上通知工作,下发了《关于 PPP 项目资产证券化产品实施专人专岗备案的通知》,指出应按照《资产支持专项计划备案管理办法》的标准,以电子化方式经由中国证券投资基金业协会备案管理系统对政府和社会资本合作项目资产证券化产品进行备案管理。

2017 年 2 月 27 日，《国务院办公厅关于印发国务院 2017 年立法工作计划的通知》发布。该通知提到的全面深化改革急需的项目包括由国家发展改革委拟议的《政府投资条例》，由中国证监会拟议的《私募投资基金管理暂行条例》，由法制办、国家发展改革委、财政部拟议的《基础设施和公共服务项目引入社会资本条例》等。

2017 年 3 月 5 日，国务院总理在第十二届全国人民代表大会第五次会议上做了政府工作报告，政府和社会资本合作模式又一次被提及（连续三年在政府工作报告中提及 PPP 模式）。政府工作报告指出 2017 年要努力拓展有效投资；在需要调整结构、弥补短板、促进创新和惠及民生的领域，引入更多社会资本；提出 2017 年公路水运投资目标金额为 1.8 万亿元，铁路建设投资目标金额为 0.8 万亿元，还将开启 15 项关键水利工程，进一步巩固电信、交通、民航等基础设施项目的建设。因此，要深入贯彻实施促进社会资本投资的政策，深化政府和社会资本合作，完善优惠政策（如成熟的定价机制、税收优惠等），政府作为牵头者要讲诚信、守契约，绝不随意更改，行政区划和部门的调整、政府的换届和负责人的变更都不得影响协议的履行。

2017 年 3 月 16 日，《国务院办公厅关于进一步激发社会领域投资活力的意见》发布。该意见从五个方面提出了诸多具体可行的政策，并提出深化社会领域供给侧结构性改革，进一步赋予养老、医疗、文体、教育等社会领域投资的生命力，不断优化并增加产品供应、提高服务质量；刺激社会资本投资活力，使投资持续稳步增长；提高公众的满足感；拓展经济发展新动能；促进经济转型升级，实现社会效益和经济效益的协调。该意见还提出，应开展 PPP 模式项目示范工作，通过 PPP 模式将社会资本引入养老、医疗、文体、教育等基础设施的建设和后续经营。

2017 年 4 月 25 日,国家发展改革委办公厅公布《政府和社会资本合作(PPP)项目专项债券发行指引》,该指引将"PPP 项目专项债券"定义为一种企业债券,发行方是 PPP 模式中的项目公司或社会资本投资方,筹集的资金需专项专用,即用于政府购买服务(能源、交通、水利、环保、特许经营)等 PPP 模式项目的建设和后续经营。该指引特别指出,现阶段国家重点支持的 PPP 模式项目为教育、文化、医疗、养老等公共服务领域的项目和农林、交通、水利、科技等基础设施领域的项目。

2017 年 4 月 26 日,财政部等六部委联合公布了《关于进一步规范地方政府举债融资行为的通知》。该通知规范了 PPP 模式,杜绝了地方政府设立的投资基金中存在借贷资金的情况,地方政府不得违法违规利用 PPP 模式和政府投资基金等实施举债行为。若国务院没有另外规定,地方政府和相关部门无论是设立政府投资基金,还是参与 PPP 模式项目,都不能对社会资本方的投资本金做出回购形式的补偿机制,不能为投资本金和最低投资收益提供背书,也不能通过附有条款的有限合伙制基金形式进行股权投资。

2017 年 5 月 4 日,中国保监会发布《关于保险资金投资政府和社会资本合作项目有关事项的通知》,鼓励保险资金通过债券、股权等方式,投资一个或一组符合条件的 PPP 模式项目。在这一时期中,保险资金参与 PPP 模式项目的形式大多是成为 PPP 模式项目公司的股东、债权人,也有以 PPP 产业投资基金的形式参与 PPP 模式项目的。

2017 年 5 月 28 日,财政部发布《关于坚决制止地方以政府购买服务名义违法违规融资的通知》,标准化管理政府购买服务项目，使地方政府违法违规变相举债的行为得到遏制。该通知规定政府购买服务的内容应严格限制在要求的范围之内。不得作为政府购买服务的项目包括但不限于以下事项：建筑物、构筑物的新改扩建等工程，农田水利等建设工程，水电、交通、医疗、教育等基础设施建设，设备、存货等货物。此外，不能作为政府购买服务供应方的有金融机构以及属于非金融机构但提供金融服务的公司（如融资租赁公司）。该通知还规定，需严格规范政府购买服务的预算管理，严格按照"有预算，有采购；无预算，无采购"的原则，统筹规划当年的政府购买预算资金，而不是将其作为预算外支出项目。

2017 年 6 月 7 日，财政部、中国人民银行、中国证监会联合下发《关于规范开展政府和社会资本合作项目资产证券化有关事宜的通知》。该通知提出，要分类别进行 PPP 项目资产证券化（PPP + ABS）推广，并在实施程序、监管方面都做出相应规范。至此，国家发展改革委和财政部都先后出台了将 PPP 模式项目资产予以合法证券化的文件。

2017 年 7 月 3 日，《国家发展改革委关于加快运用 PPP 模式盘活基础设施存量资产有关工作的通知》发布。该通知要求灵活推行政府与社会资本合作模式，盘活基础设施领域积累的大量优质存量资产，推动投资活动进入良性运转。基础设施建设中多样化的资金来源有利于降低地方政府的负债。根据 PPP 模式存量项目的特性和详细状况，可通过转让—拥有—运营（TOO）、改建—经营—转移（ROT）、股权合作以及委托运营等多种形式，将资产的运营权、所有权等转移给社会资本。针对 PPP 模式存量基础设施项目，政府可以将股权全部或部分让渡给投资方（社会资本方或其他投资人）。同时，在各地遴选 3 ~ 5 个运用 PPP 模式盘活基础设施存量资产的卓有成效的项目，经国家发展改革委的专业评议和审查后，选出具有代表性的示范项目推而广之，作为各地学习的范本。

2017 年 7 月 21 日，国务院法制办、国家发展改革委、财政部起草的《基础设施和公共服务领域政府和社会资本合作条例（征求意见稿）》及其说明全文公布，征求社会各界意见。该征求意见稿包括总则、细则和附则七章，共 50 条。该征求意见稿指出，若公共服务和基础设施项目符合以下条件，则可以采用 PPP 模式：政府有提供该公共服务和建设该基础设施的责任；公众对该公共服务和基础设施的需求长期稳定；适宜由社会资本方承担。另外，根据项目生命周期以及行业特点等，确定 PPP 模式项目合作期限为 10～30 年，并规定行政区划和部门的调整、政府换届和负责人变更都不得影响项目合同协议的履行。同时，提出严禁对社会资本方的投资本金做出回购形式的补偿机制，杜绝对投资本金、最低投资收益以及社会资本在 PPP 模式项目中的融资予以背书。

2017 年 8 月 14 日，财政部、民政部、人力资源和社会保障部发布了《关于运用政府和社会资本合作模式支持养老服务业发展的实施意见》。

2017 年 9 月 15 日，《国务院办公厅关于进一步激发民间有效投资活力促进经济持续健康发展的指导意见》发布，又一次鼓励民间资本注入 PPP 模式项目，加快公用事业和基础设施建设的进程；杜绝出现抵制、鄙夷民间资本的行为，营造公平公正的竞争机会环境是支持民营企业参与 PPP 模式项目必不可少的措施；支持 PPP 模式项目中股权比例大的社会资本合作方更广泛地参与 PPP 模式项目。

2017 年 10 月 19 日，上海证券交易所、深圳证券交易所、机构间私募产品报价与服务系统三部门分别公布了政府和社会资本合作项目资产支持证券挂牌条件确认指南和信息披露指南。这些指南的发布，标志着 PPP 模式项目资产证券化管理得到进一步完善，业务更加规范，更具有实践性。上述指南针对三类资产（PPP 模式项目相关的资产、股权和收益权）在前期发行环节和后续运营期间的信息披露等做出了明确的规定。相关人士表示，业务指南的发布将有利于证券公司、基金子公司和社会资本方等规范开展资产证券化业务，有利于加强风险管理，保护投资者合法权益。

2017 年 11 月 10 日，为深入贯彻落实全国金融工作会议精神，对政府和社会资本合作项目的运营进行深入规范管理，防止 PPP 模式成为变相筹资，避免负债隐患，财政部办公厅发布了《关于规范政府和社会资本合作（PPP）综合信息平台项目库管理的通知》。

2018 年 4 月 19 日，财政部与文化和旅游部为了更好地鼓励运用 PPP 模式改善旅游公共服务供给，共同下发了《关于在旅游领域推广政府和社会资本合作模式的指导意见》。

2018 年 4 月 24 日，财政部下发了《财政部关于进一步加强政府和社会资本合作（PPP）示范项目规范管理的通知》，认为 PPP 示范项目在诸多方面已经凸显了积极的效果，例如，扩展经验范式、牵头标准运营、拉动区域发展、冲破行业发展障碍。但是，部分示范项目仍然存在发展缓慢、实施效果不理想等症结，需要对示范项目进一步强化规范管理，更有效地发挥政府的牵头引导作用。

公共服务的供给离不开社会资本，将 PPP 模式拓展到公共服务领域，以此提高公共服务的供给品质和效率，具有重大的战略意义。为使中央经济和国家财政工作会议内容得到有效执行，避免地方政府隐债问题，需要将 PPP 模式的优势展现出来，落实好"稳就业、稳金融、稳外贸、稳外资、稳投资、稳预期"的工作要求，从而在基础设施领域调结构、补短板，在推进经济快速发展的同时保证经济质量。2019 年 3 月 7 日，财政部下发了《关于推进政府和社会资本合作规范发展的实施意见》。

二　吉林省 PPP 模式政策

2015 年以来，吉林省委、省政府先后印发了《关于创新重点领域投融资机制鼓励社会投资的实施意见》《关于在公共服务领域推广政府和社会资本合作模式管理的实施办法》《关于深化投融资体制改革的实施意见》等政策文件，从生态环保、农业、水利、市政设施、交通、能源、信息和民用空间设施、社会事业八个方面进一步拓宽社会资本投资领域，规范了 PPP 模式项目流程，进一步推动了示范项目的实施。为加快 PPP 模式项目建设，2015 年吉林省财政厅设立了专门处，具体负责全省 PPP 模式项目的推进工作，同年又成立了 PPP 中心负责全省 PPP 模式的政策研究、政策咨询、培训、信息统计工作。长春市、吉林市、通化市等 10 余个市县的财政部门设立了 PPP 专门管理机构，抽调专业人员，负责 PPP 模式有关工作。

2016 年 10 月 25 日，吉林省财政厅转发了《财政部关于在公共服务领域深入推进政府和社会资本合作工作的通知》。

2016 年，吉林省财政厅转发了《关于联合公布第三批政府和社会资本合作示范项目加快推动示范项目建设的通知》（财金

〔2016〕91 号）。

2016 年，吉林省财政厅转发了《PPP 物有所值评价指引（试行）》《关于规范政府和社会资本合作（PPP）综合信息平台运行的通知》《财政部关于实施政府和社会资本合作项目以奖代补政策的通知》，印发了《吉林省政府和社会资本合作（PPP）项目以奖代补资金管理办法》（吉财金〔2016〕427 号）、《关于申报省级政府和社会资本合作（PPP）项目以奖代补资金的通知》（吉财金〔2016〕428 号）等文件，进一步完善了吉林省政府和社会资本合作制度体系。

2017 年，吉林省财政厅印发了《关于独立开展政府和社会资本合作项目相关评审的函》（吉财金函〔2017〕603 号），并会同省发展改革委联合印发了《关于深入推进政府和社会资本合作（PPP）工作有关要求的通知》（吉财金〔2017〕151 号），转发财政部关于规范开展政府和社会资本合作领域资产证券化、深入推进农业领域政府和社会资本合作、运用 PPP 模式支持养老服务业发展等相关文件，完善 PPP 模式政策制度体系。

2017 年 11 月 10 日，吉林省财政厅转发了《关于规范政府和社会资本合作（PPP）综合信息平台项目管理库的通知》。

2018 年，吉林省财政厅转发了《财政部关于公布第四批政府和社会资本合作示范项目名单的通知》《关于开通全国 PPP 综合信息平台项目管理库财政支出责任监测功能的通知》，并先后印发了《关于规范政府和社会资本合作（PPP）项目第三方咨询机构选聘工作的通知》（吉财金〔2018〕426 号）、《关于印发吉林省财政厅政府和社会资本合作（PPP）专家库在库专家名单及管理办法的通知》（吉财金〔2018〕787 号）等文件，进一步完善了吉林省 PPP 模式的制度体系。

2018 年 4 月 25 日，吉林省财政厅发布了《关于拨付 2018 年度政府和社会资本合作（PPP）项目以奖代补资金的通知》（吉财金〔2018〕226 号），提到根据省财政厅 PPP 模式项目以奖代补资金评审结果，拨付吉林省政府和社会资本合作项目以奖代补资金 1900 万元，专项用于 PPP 模式项目前期费用。市县收入列 "1100317 金融"，支出分类科目列 "2170399 其他金融发展支出"，政府预算支出分类科目列 "51301 上下级政府间转移性支出"。

2019 年 8 月 5 日，吉林省财政厅转发了《财政部关于推进政府和社会资本合作规范发展的实施意见》。

三　江苏省 PPP 模式政策

2017 年 4 月 28 日，江苏省政府办公厅下发了《关于对真抓实干成效明显地方进行配套激励的通知》（苏政办发〔2017〕61 号），激发了包括 PPP 模式在内的发展模式的活力，是完善长期建设机制的重要措施。

2017 年 6 月 11 日，江苏省委办公厅、省政府办公厅发布了《关于推行法律顾问制度和公职律师公司律师制度的实施意见》（苏办发〔2017〕27 号）。

2017 年 7 月 17 日，为有效落实国务院办公厅在激发社会资本投资活力方面的相关文件精神，将重心放在增加公共服务和产品的供给上，并继续提高质量水准，江苏省政府办公厅下发了《关于进一步激发社会领域投资活力的实施意见》（苏政办发〔2017〕103 号）。

2017 年 11 月 28 日，为加大投融资制度改革的力度，推动民营资本以投资人、开发人、经营者等身份踊跃参与 PPP 模式项目，激发社会资本投资积极性，充分体现 PPP 模式的优势，江苏省财政厅印发了《关于进一步鼓励、支持民营资本参与政府和社会资本合作（PPP）项目的实施意见》（苏财金〔2017〕99 号）。

江苏省财政厅于 2017 年 12 月 4 日转发了《关于规范政府和社会资本合作（PPP）综合信息平台项目库管理的通知》，该通知提出利用项目库预防债务风险隐患，遏制 PPP 模式异化、滥用，进一步规范 PPP 模式健康有序发展。

2017 年 12 月 29 日，江苏省财政厅印发了《江苏省 PPP 融资支持基金实施办法》（苏财规〔2017〕43 号）。从基金设立到管理运营再到风险控制，该办法都给出了明确的规定，使财政资金的导向作用得以保障。

2018 年 5 月 29 日，为实现江苏省 PPP 专家库标准化管理，使专家在 PPP 模式中真正承担起理论指导、实践辅导的责任。江苏省财政厅印发了《江苏省政府和社会资本合作（PPP）专家库管理办法（试行）》（苏财规〔2018〕3 号）。

2018 年 7 月 3 日，为规范试点项目的管理工作，江苏省财政厅下发了《江苏省政府和社会资本合作（PPP）省级试点项目管理工作规则》（苏财金〔2018〕70 号）。

江苏财政厅于 2018 年 7 月 5 日印发了《江苏省政府和社会资本合作（PPP）项目入库管理工作规则》（苏财金〔2018〕76 号）。

2018 年 7 月 17 日，江苏省财政厅发布了《省财政厅关于 2018 年度第二批政府和社会资本合作（PPP）项目入库和试点的通知》（苏财金〔2018〕80 号）。

2018 年 9 月 28 日，江苏省财政厅下发了《江苏省财政厅关于 2018 年度第三批政府和社会资本合作（PPP）项目入库的通知》（苏财金〔2018〕107 号）。

2018 年 10 月 19 日，为激发各地区推进政府与社会资本合作项目落地执行的热情，进而促进全省 PPP 模式的持续健康发展。江苏省财政厅印发了《政府和社会资本合作（PPP）项目奖补资金管理办法》（苏财规〔2018〕16 号）。

2018 年 11 月 28 日，江苏省财政厅发布了《关于下达 2018 年度第二批 PPP 项目奖补资金的通知》（苏财金〔2018〕135 号）。

2018 年 12 月 3 日，为进一步有效落实依法执政的工作要求，使法律顾问尽其所长，将其技术专长和知识最大限度地施展出来，深入进行 PPP 模式项目的全周期规范管理，预防并处理 PPP 模式项目开展过程中的诸多风险隐患，让 PPP 模式成为全省经济、文化、生态等六个方面高质量发展的助推器，江苏省财政厅下发了《省财政厅关于建立全省政府和社会资本合作（PPP）项目全生命周期法律顾问制度的意见》（苏财规〔2018〕19 号）。

2019 年 3 月 14 日，江苏省财政厅下发了《江苏省财政厅关于进一步提高政府和社会资本合作（PPP）项目信息公开质量的意见》（苏财金〔2019〕21 号）。

2019 年 3 月 22 日，江苏省财政厅发布了《江苏省财政厅关于 2019 年度第一批政府和社会资本合作（PPP）项目入库和试点的通知》（苏财金〔2019〕29 号），本批共有 18 个项目进入江苏省 PPP 模式项目库，总投资 387.09 亿元。连同以前年度已入库未落地的 1 个项目，共有 10 个项目被列为省级 PPP 模式试点项目。

2019 年 5 月 24 日，为进一步强化财政部门对 PPP 模式项目的监督，促进全省 PPP 模式稳健运行，江苏省财政厅下发了《关于进一步加强政府和社会资本合作（PPP）项目财政监督的意见》

（苏财金〔2019〕53 号）。

2019 年，为了推进政府和社会资本的合作，推动江苏省 PPP 模式项目的发展，江苏省出台了相应的政策。江苏省财政厅转发了《财政部关于推进政府和社会资本合作规范发展的实施意见》等文件，省财政厅重点对项目合规性、前期工作准备情况、使用者付费占比、财政支出责任峰值、综合信息平台填报质量等内容进行审核。

四 吉林省与国家 PPP 模式政策的对比

从整体来看，吉林省积极响应国家对 PPP 模式项目的相关政策，出台了《关于申报省级政府和社会资本合作（PPP）项目以奖代补资金的通知》（吉财金〔2016〕428 号）、《关于独立开展政府和社会资本合作项目相关评审的函》（吉财金函〔2017〕603 号）、《关于深入推进政府和社会资本合作（PPP）工作有关要求的通知》（吉财金〔2017〕151 号）等政策，在大方向上与国家 PPP 模式政策相呼应。

五 吉林省与江苏省 PPP 模式政策的对比

（一）政策对比

根据上文对吉林省和江苏省 PPP 模式政策的梳理，总结了吉林省与江苏省 PPP 模式发展的一些差距，并据此提出今后主要的推进方向。吉林省与江苏省 PPP 模式政策对比如表 3 - 1 所示。

表 3 – 1　吉林省与江苏省 PPP 模式政策对比

政策分类	吉林省	江苏省
PPP 模式项目入库审查政策	无相关政策	江苏省针对前期 PPP 模式项目的入库审查监管出台了相应政策，如《江苏省政府和社会资本合作（PPP）项目入库管理工作规则》（苏财金〔2018〕76 号）、《江苏省财政厅关于 2019 年度第一批政府和社会资本合作（PPP）项目入库和试点的通知》（苏财金〔2019〕29 号）等，这些政策融合了 PPP 模式监管最新要求，从进一步严格入库标准、强调工作程序严谨规范、强化财政支出责任监管这三个方面对 PPP 模式项目入库审查进行把控
PPP 模式项目专家库管理政策	吉林省在专家库管理方面出台了《关于印发吉林省财政厅政府和社会资本合作（PPP）专家库在库专家名单及管理办法的通知》（吉财金〔2018〕787 号）等政策，具体从入库专家分类、组建方法、需具备的条件以及管理方面进行了规定	江苏省在 PPP 模式项目专家库管理方面出台了相应的政策，如《江苏省政府和社会资本合作（PPP）专家库管理办法（试行）》（苏财规〔2018〕3 号）、《江苏省财政厅关于公开征集江苏省政府和社会资本合作（PPP）专家的公告》（苏财金〔2018〕53 号）等，具体从入库专家分类、需具备的条件、工作职责、权利、义务以及管理等多个方面进行了严格规定
PPP 模式项目全生命周期监管政策	无相关政策	江苏省为了全面把控、监管 PPP 模式项目合法合规实施，出台了《关于推行法律顾问制度和公职律师公司律师制度的实施意见》（苏办发〔2017〕27 号）、《省财政厅关于建立全省政府和社会资本合作（PPP）项目全生命周期法律顾问制度的意见》（苏财规〔2018〕19 号）等政策，明确了法律顾问的主要职责、受托履职的基本原则、受托单位及职业人员需要具备的硬性条件，应该从哪些方面给出法律意见等相关事由

政策分类	吉林省	江苏省
PPP 模式项目补贴奖励政策	吉林省在鼓励 PPP 模式项目实施方面出台了《关于拨付 2018 年度政府和社会资本合作（PPP）项目以奖代补资金的通知》（吉财金指〔2018〕226 号）等政策，对以奖代补资金的范围、对象、标准等做出了相应的规定	江苏省为了鼓励和推动 PPP 模式项目的实施，出台了多项政策，如《政府和社会资本合作（PPP）项目奖补资金管理办法》（苏财规〔2018〕16 号）、《关于对真抓实干成效明显地方进行配套激励的通知》（苏政办发〔2017〕61 号）等，对奖补资金的范围、支持的方向、金额以及用途等做出了相应的规定
PPP 模式试点项目管理工作政策	无相关政策	为贯彻落实 PPP 模式，进一步规范推广运用 PPP 模式，扎实推进 PPP 模式省级试点项目工作，江苏省出台了《江苏省政府和社会资本合作（PPP）省级试点项目管理工作规则》（苏财金〔2018〕70 号）等政策，对哪些项目适合作为省级试点项目、试点项目如何产生、省财政厅对试点项目如何管理以及试点项目有哪些政策支持等均做出了相应规定
PPP 模式项目综合信息平台管理政策	吉林省在 PPP 模式项目综合信息平台管理方面转发了财政部的《关于规范政府和社会资本合作（PPP）综合信息平台运行的通知》和《政府和社会资本合作（PPP）综合信息平台信息公开管理暂行办法》等政策，要求各地结合自身实际情况，严格执行财政部对 PPP 模式项目综合信息平台的管理政策	江苏省在对 PPP 模式项目公开信息披露方面出台了相关政策，如《江苏省财政厅关于进一步提高政府和社会资本合作（PPP）项目信息公开质量的意见》（苏财金〔2019〕21 号）等，主要从对拟入库项目信息公开实行前置审查、对已入库项目信息实行动态管理、建立 PPP 模式信息工作质量惩戒机制、强化 PPP 模式信息质量公开情况监管、建立健全工作机制等方面对 PPP 模式项目综合信息平台进行管理

通过表 3 - 1 中对两省政策的对比，我们可以看到两省政策制定情况。

1. 在 PPP 模式项目入库审查政策方面

江苏省在对 PPP 模式项目入库审查方面出台了多项政策，对 PPP 模式项目入库审查的规则主要体现在以下三个方面。一是融合 PPP 模式监管最新要求，进一步严格入库标准。将 PPP 模式管理中涉及的资本金"穿透式"监管、完善前期工作、规范信息平台等要求纳入入库审查范围，对全省各级财政部门规范 PPP 模式项目管理具有指导意义。二是强调工作程序严谨规范。要求各地严格按照项目发起、方案制定、方案评估、同级政府审核批复、申请省厅备案等规范履行项目入库程序。省财政厅及时受理入库申请，并通过形式审查、提交省级行业主管部门征求意见、召开审查论证会议或汇总反馈意见等方式形成审查论证结果，作为准予项目入库的重要依据。三是强化财政支出责任监管。要求在入库环节，将具体项目的财政支出责任分解到"一般公共预算支出"和"政府性基金预算支出"，结合科学预测的项目全生命周期内的一般公共预算支出、政府性基金预算支出，按照已入库已落地、已入库未落地、拟入库三种口径汇总测算当年项目财政支出，确保全生命周期内每年的财政支出都不超过当年一般公共预算支出 10% 的"红线"。由此可以看出江苏省在入库审查方面的规则严格细分。而吉林省并未明确出台相应政策，这在一定程度上使 PPP 模式项目的前期评估审查缺少必要的依据，吉林省可以借鉴江苏省的经验，出台相应的政策，从项目发起、实施方案编制、相关审核、资金保障、财政监管等多个方面进行全方位监管，并且要责任到人，切实起到监管作用，从而保证入库政策的严谨性、延续性、及时性、高效性，对各地申报的 PPP 模式项目进行认真审核，使各级财政部门高度重视 PPP 模式项目入库工作，层层压实主体责任，严格遵守国家和省出台的一系列 PPP 模式管理制度，会同项目实施机构按照政府批复的 PPP 模式项目方案和论证结果组织实施，确保吉林省 PPP 模式健康、可持续发展。

2. 在 PPP 模式项目专家库管理政策方面

吉林省出台的相关政策从入库专家分类、组建方法、需具备的条件以及管理方面进行了规定，而江苏省从入库专家分类、需具备的条件、工作职责、权利、义务以及管理等多个方面进行了严格规定，相比较而言，江苏省的政策要求更为细致。吉林省组建的专家库主要分为咨询专家、法律专家、财务专家、金融专家四大类，而江苏省的征集领域除了以上四类，还涉及行业管理、财政管理、建设运营，由此可见，江苏省组建的专家库行业领域覆盖面更广；在入库专家需具备的条件上，吉林省并未严格要求相关行业专家近三年参加过 PPP 模式项目相关工作，而江苏省在此方面做出了较为严格的规定，如要求入库专家是专业审计、监察、咨询、评估中介机构的从业人员，近三年审计、监察、咨询、评估的 PPP 模式项目不少于三个。此外，江苏省还明确了入库专家的相应权利和义务，相比之下吉林省的政策并没有这么细致，略显不足。吉林省可以借鉴江苏省或其他省份出台的 PPP 模式项目专家库管理办法，从以下三个方面进行完善：一是更为严格地规定入库专家需具备的条件，尤其是应该具备参与 PPP 模式项目的工作经验、了解 PPP 模式项目的全过程；二是拓宽专家库行业领域覆盖面，从而更为全面地为 PPP 模式项目的实施提供精准服务；三是明确相关领域专家的权利、义务以及职责。完善政策细则，形成更为全面的专家库管理规范，有利于进一步推动吉林省 PPP 模式公开公正、高质量发展。

3. PPP 模式项目全生命周期监管政策方面

PPP 模式项目具有特殊性，涉及的政策法规面广而不具体、初始投入大且落实过程需要把控的环节较多、政府与社会资本方的合作时间长、预防和处理风险的压力大。我们通过查阅资料了解到，江苏省是率先建立 PPP 模式项目全生命周期法律顾问制度的省份，吉林省尚缺乏此方面的政策。江苏省深入推行该项制度，使 PPP 模式项目充分借助法律顾问的专业优势和智力成果，让合法合规理念嵌入并贯穿 PPP 模式项目实施全过程，对全面推动江苏省 PPP 模式项目高质量发展具有重要作用和深远影响。江苏省对全生命周期法律顾问制度进行了比较全面的政策解读，明确了法律顾问应参与项目宏观和微观两个层面的管理；法律顾问应为 PPP 模式项目管理的全过程提供法律及政策支撑，利用自己丰富的经验为 PPP 模式项目保驾护航。政策还规定了法律顾问受托履职的基本原则包括依法（规）顾问、专业胜任、勤勉尽责、务实高效等。律师事务所接受财政部门委托从事 PPP 模式项目法律服务工作应具备的条件中有一条尤为重要，就是律师事务所必须具有为 PPP 模式项目提供专业服务的专业律师团队和专业技术能力，并且委派的律师也要具备过硬的自身素质，即拥有充分的法律知识储备、对相关政策文件了如指掌、具有丰富的实践经验、服务过的 PPP 模式项目不少于 3 个。此外，政策还对法律顾问应在 PPP 模式项目的五大重点环节出具的专业意见和建议也做了指引。

对此，吉林省可以充分借鉴江苏省在此方面的政策，尤其是其细则，制定适合吉林省的 PPP 模式项目全生命周期监管政策，保证 PPP 模式项目在整个生命周期内合法合规实施，充分预防和处理风险隐患，保证政府和社会资本合作项目高效、健康发展。

4. PPP 模式项目补贴奖励政策方面

为了支持和调动各地推广 PPP 模式的积极性，推动全省 PPP 模式项目实施进度，提高项目操作的规范性，保障项目实施的质量，吉林省和江苏省均出台了相应的奖补资金政策鼓励 PPP 模式项目的实施。从政策细则来看，江苏省奖补标准是小于 3 亿元（不含 3 亿元）的项目可获得 30 万元的奖励，3 亿元到 10 亿元（不含 10 亿元）的项目可获得 50 万元的奖励，大于 10 亿元（含 10 亿元）的项目可获得 80 万元的奖励。而吉林省的奖补标准为小于 3 亿元（不含 3 亿元）的项目可获得 50 万元的补助，3 亿元到 10 亿元（不含 10 亿元）的项目可获得 100 万元的补助，大于 10 亿元（含 10 亿元）的项目可获得 150 万元的补助。由此可见，吉林省积极鼓励 PPP 模式项目的实施与发展，支持各地发展 PPP 模式项目。然而，在奖金补贴方面，江苏省覆盖面更广，对于省级 PPP 模式试点项目，不仅有针对初期支出的补贴，而且有针对后续实施的奖金补贴。另外，对于已贯彻执行并完成的项目，江苏省财政厅会不定期从中选择一些实施程序规范、可以作为典范的项目给予一定的奖励、补贴，并将这批项目作为范例公示。相比之下，吉林省主要针对项目前期支出进行补贴，对于一些高质量实施的 PPP 模式项目没有发布相应的奖励政策，对此，吉林省可以借鉴江苏省的经验，适当扩大奖补资金的支持范围，给支持农村发展、环保、操作规范、高质量实施的 PPP 模式项目一定的奖励，这有助于调动各地以及相关单位、部门的积极性，推动吉林省 PPP 模式的高速发展。

5. PPP 模式试点项目管理工作政策方面

进一步规范推广运用 PPP 模式，扎实推进 PPP 模式省级试点项目工作，形成可复制、可推广的 PPP 模式项目实施范例，在稳中求进、防范风险隐患、调整产业结构、推进改革发展、惠及民众生活等方面充分发挥 PPP 模式的优势。在这一方面，江苏省的相关政策比较完善，而吉林省还没有相关的政策。吉林省作为经济比较落后的省份，在吸引民间资本投资 PPP 模式项目上，不具有竞争优势。因此，吉林省在制定实施 PPP 模式项目试点政策时，应将重点放在刺激市场活力上，鼓励经济相对发达的地区做好牵头工作，关注关键环节；遴选富有成效的 PPP 模式项目作为范例并推而广之，率先支持文体、环保、旅游、养老等提升人民幸福感的领域的 PPP 模式项目；大力推动运用 PPP 模式将存量社会资本灵活运转起来，扩展公共事业领域的资金渠道，提高产品和服务质量。吉林省可以建立政策资金帮扶机制。对列入省试点的 PPP 模式项目，省财政厅按规定给予一定的前期支出补贴，对在规定时间内规范实施落地的，省财政厅按规定给予一定的奖补。前期支出补贴和试点项目奖补政策另行制定。吉林省应建立专人联络、定期报告机制。每个试点项目由相关市县财政部门指定一名联络员，负责与省财政厅 PPP 办公室联络，每月相关工作完成后 5 日内向省财政厅 PPP 办公室报告试点项目进展情况。吉林省应建立试点项目动态调整机制。按照"能进能出"的项目管理原则，对不再适宜采用 PPP 模式实施的、经查实存在操作不规范问题或其他原因无法在规定时间内落地的试点项目，当地财政部门按程序向省财政厅履行退出省试点项目手续，不再列入试点名单，取消已享受的各项优惠政策，并将已获得的各类省财政奖补资金退回省财政厅。吉林省还应建立定期督查和总结交流机制。各市县财政部门应会同项目实施机构对 PPP 模式试点项目实施全生命周期监管。省财政厅 PPP 办公室适时组织调研督导、监督检查和绩效评价，监督检查和绩效评价优秀的试点项目优先入选吉林省 PPP

模式项目示范案例集，对 PPP 模式试点项目管理工作机制健全、工作质量较好的市县财政部门给予表扬。省财政厅 PPP 办公室对省级 PPP 模式试点项目，采取召开现场推介会、网络平台发布、微信公众号发布等多种方式进行宣传推介，吸引国内外各类社会资本和金融机构参与吉林省 PPP 模式项目建设运营。

6. PPP 模式项目综合信息平台管理政策方面

充分利用 PPP 模式项目综合信息平台让社会资本方充分了解 PPP 模式项目，给政府提供充足的信息，帮助政府提高服务水平，进而保证社会经济高质量运行。通过综合信息平台，以数字资源为媒介、信息技术为手段，依据法律尽可能全面地将有重要影响的信息公布出来，这样不但有助于降低政府监督管理成本，而且有助于减少市场交易费用。江苏省在综合信息平台管理方面的政策比较全面和具体，而吉林省稍有欠缺，吉林省可以进一步完善 PPP 模式项目综合信息平台管理政策，对拟入库项目信息公开实行前置审查，确保录入的信息和上传的文件资料数据真实、完整、及时、有效，政府不接受、不处理申报过程中填写不符要求，甚至没有填写资料的入库申请。为避免申报与实际项目不一致，政府应在 PPP 模式项目实施过程中分阶段输入对应信息并将对应文件存档，严格把关前期申请入库的项目，实时监管已经登记入库的项目。当项目实施情况发生变化，与入库信息不符时，各市县财政部门必须规范履行项目变更手续，及时在 PPP 模式项目综合信息平台增补、完善有关内容并上传证明材料，实现动态管理。建立 PPP 模式项目信息质量惩戒机制，实行四步走，即"提醒、约谈、通报、直接退库"，具体而言就是对不符合平台管理的项目实施提醒，督促其及时进行修改，连续提醒三次仍然不及时修改的，要对相关责任人实行约谈，约谈后仍然不符合规定的，要通报批评，通报批评后整改仍无起色、整改效果不到位的，就要直接清退，在一定时间内不允许其再次申报。还要设置完善的 PPP 模式项目信息质量监管体系，清晰划分职责，做到专人专管。切实对 PPP 模式项目综合信息平台做到全方位管理，提高 PPP 模式项目信息公开的质量，规范 PPP 模式项目的实施和运作。

（二）开展 PPP 模式项目相关活动对比

梳理总结吉林省和江苏省关于 PPP 模式项目的相关活动并进行对比，具体情况如表 3 - 2 所示。

表 3 - 2　吉林省和江苏省关于 PPP 模式项目相关活动对比

活动分类	吉林省	江苏省
PPP 模式项目专项业务培训	无相关活动	江苏省各地曾多次举办 PPP 模式业务培训活动，如 2019 年 1 月 17 日，无锡市政府和社会资本合作（PPP）业务培训成功举办；2017 年 7 月 26 日，扬州市江都区举办政府和社会资本合作（PPP）模式专题培训等。业务培训会邀请相关专家，围绕 PPP 模式新政策、政策解读以及 PPP 模式项目运行中可能遇到的问题进行案例分析等
PPP 模式项目监督检查	无相关活动	江苏省高度重视 PPP 模式项目的监管，曾多次进行抽查，如在 2018 年 5 月 22 日发布《关于开展政府和社会资本合作（PPP）项目财政支出责任监督检查的通知》，对全省 10 个市县开展 PPP 财政支出责任检查等
PPP 模式项目补短板	无相关活动	江苏省各地积极响应国家《关于保持基础设施领域补短板力度的指导意见》的号召，支持地方政府依法运用 PPP 模式激发社会资本的活力来消除短板效应，尤其是鼓励将民间投资引入农业、民生、交通运输、能源、环保等基础设施和公共事业领域，全力推动已列在计划中的重要项目

1. PPP 模式项目专项业务培训

高效、高质量地运作和管理 PPP 模式项目，除了需要在政策上明确规定，也需要实施相应的保障活动，如定期举办 PPP 模式项目的专项培训，提高各地区 PPP 模式项目相关管理人员和执行人员的业务水平。我们了解到，江苏省各地曾多次举办 PPP 模式项目业务培训活动，例如无锡市和扬州市江都区等地便成功举办了培训活动，而吉林省在此方面略显不足。因此，为了更好地推动 PPP 模式项目实施，吉林省可以借鉴江苏省的经验，适当举办相应的培训活动，可以邀请财政部或先进省份相关专家来吉林省讲课，培训重点可以围绕 PPP 模式新政与政策动向展望、PPP 模式项目实际运作中各阶段可能出现的问题辨析、PPP 模式项目大数据分析及案例分析等。通过培训与学习，可以更好把握 PPP 模式最新政策要求，进一步熟悉 PPP 模式项目运作和管理最新经验技术，提高对 PPP 模式的理解和运用能力，保障 PPP 模式项目顺利进行。

2. PPP 模式项目监督检查

为了加强对 PPP 模式项目的监管，江苏省定期对 PPP 模式项目进行抽查，而在这一方面吉林省稍有欠缺。为保证 PPP 模式项目的健康发展，吉林省财政厅可以组织开展 PPP 模式项目财政支出责任监督检查活动，进一步加大对 PPP 模式项目财政监管的力度，切实履行财政部门监督检查职责，强化问题导向，重点检查已入库 PPP 模式项目财政支出责任测算工作质量、已落地 PPP 模式项目预算管理情况，同时检查 PPP 模式项目财政支出责任台账登记规范性，及时纠正检查发现的问题，推动吉林省 PPP 模式项目高质量发展。定期对 PPP 模式项目进行抽查，从事前、事中、事后三个阶段全方位把控吉林省 PPP 模式项目的实施。

3. PPP 模式项目补短板

政府与社会资本合作的最终目的是造福百姓，国务院办公厅印发的《关于保持基础设施领域补短板力度的指导意见》指出，要将重点放在农业、民生、交通运输、能源、环保等基础设施和公共事业领域，全力推动已列在计划中的重要项目实施，支持地方政府依据法规运用 PPP 模式等，激发社会资本的活力来消除短板。

江苏省在此方面积极响应国家号召，不断提升补短板能力，提高民生保障水平。而吉林省并未在此方面做出相应的努力，吉林省属于经济发展相对落后的地区，基础设施不健全，尤其是农村地区，据此吉林省可以积极提升 PPP 模式补短板的能力，如调整优化支出结构、严控一般公共预算支出、加大民生领域投入、支持教育文化事业发展。提升教育教学品质，推进城乡义务教育一体化，支持优化教育布局调整；支持社会保障体系建设，安排养老保险支出，支持养老保险制度并轨改革；安排卫生专项，支持深化医疗卫生体制改革；提高基本公共卫生服务政府补助标准，支持基本公共卫生服务均等化项目建设；加强农村等落后地区的交通基础设施建设；等等。

| 第四章 |

吉林省 PPP 模式项目发展现状

一　吉林省简介

（一）吉林省概况

吉林省，简称"吉"，坐落在中国东北地区中部，处于东北亚中心位置，是新中国的老工业基地、产粮大省。省会长春市是全国最早的汽车工业基地，拥有著名汽车品牌中国一汽、长春客车等，长春市作为中国电影制作基地之一，有"东方好莱坞"之称。吉林省辖 8 个地级市（长春为副省级市）、1 个自治州，另设吉林省长白山保护开发区管理委员会，合计 60 个县级区划。2022 年末，吉林省常住人口城镇化率达 63.7%。吉林省面积为 187400 平方公里，占全国总面积的 1.95%；2015 年的 GDP 达到 1.43 万亿元，占全国 GDP 的 1.97%。[①]

吉林省的工业和粮食生产在中国具有举足轻重的地位。吉林省的石化、汽车和农产品是三大重要的加工制造业，在医药、旅游、材料、制造等领域具有比较优势和竞争优势。吉林省出售的粮食数

---

① 资料来源：吉林省人民政府网站，http://www.jl.gov.cn/。

量与粮食总产量之比、人均粮食占有量和人均肉类占有量多年来都稳居全国第一位。这得益于吉林省的地理位置，吉林省位于世界著名的"黄金玉米带"，也被誉为"黑土地之乡"，在农业生产方面具有得天独厚的优势。

2018 年吉林省 GDP 为 1.51 万亿元，同比增长 4.5%。具体看来，第一产业的产值增量为 1160.75 亿元，同比增长 2.0%；第二产业的产值增量为 6410.85 亿元，同比增长 4.0%；第三产业的产值增量为 7503.02 亿元，同比增长 5.5%。不考虑非常住人口，吉林省人均 GDP 为 5.56 万元，同比增长 5.0%。三次产业的产值增量之比为 7.7：42.5：49.8。[1]

（二）吉林省经济概况[2]

2018 年，吉林省消费者价格指数（CPI）同比增长 2.1%。具

---

① 资料来源：《吉林省 2018 年国民经济和社会发展统计公报》。

② 2018 年，笔者从省安全生产监督管理局获取安全生产数据，从省教育厅获取教育数据，从省卫生和计划生育委员会获取卫生数据，从长春海关获取货物进出口数据，从中国铁路沈阳局集团有限公司获取铁路运输、铁路营业里程数据，从中国人民银行长春中心支行获取货币金融类数据，从证监会吉林监管局获取上市公司数据，从省质量技术监督局获取制造业产品质量合格率、质量检验等数据，从省新闻出版广电局获取广播电视、图书、期刊报纸等数据，从省水利厅获取灌溉面积、农业水利设施、水产品产量数据，从省旅游发展委员会获取旅游数据，从省气象局获取气象数据，从中国南方航空股份有限公司吉林分公司和吉林省民航机场集团有限公司获取民航运输数据，从保监会吉林监管局获取保险业数据，从省地震局获取地震数据，从中国石油天然气股份有限公司管道长春输油气分公司获取管道运输数据，从省体育局获取体育数据，从省环境保护厅获取环境监测、自然保护区数据，从省电力公司获取用电量数据，从省邮政管理局获取邮政业务数据，从省人力资源和社会保障厅获取社会保障、城镇新增就业、登记失业率等数据，从省科技厅获取专利、科研机构、技术合同、科研成果等数据，从省文化厅获取文化馆、艺术表演团体、公共图书馆、博物馆等数据，从省财政厅获取财政数据，从省通信管理局获取上网人数、交换机容量、宽带用户、电信业务总量、移动互联网接入流量、电话用户等数据，从中国邮政集团有限公司吉林省分公司获取邮政储蓄平均余额数据，从国家统计局吉林调查总队获取城乡居民收支、价格指数数据，从省民政厅获取城乡低保、生活救助资金等数据，从省交通运输厅获取公路、水路运输以及公路里程数据，从省公安厅获取交通事故、民用汽车数据，从省农委获取农业机械数据，其他数据均从吉林统计局获得。

体看来，城市 CPI 同比增长 2.0%；农村 CPI 同比增长 2.3%。2018 年，吉林省工业生产指数（IPI）同比增长 3.5%；生产者物价指数（PPI）同比增长 2.8%；固定资产投资价格指数同比增长 4.6%；农业生产资料价格指数同比增长 3.7%。

2018 年，吉林省地方财政收入为 1240.84 亿元，同比增长 2.5%，其中税收收入为 891.71 亿元，同比上涨 4.4%。2018 年，吉林省地方财政支出为 3789.59 亿元，同比上涨 1.7%。其中，用于农业、林业、水利等事务的支出为 537.55 亿元，同比上涨 3.1%；用于节约能源、环境保护领域的支出为 120.79 亿元，同比上涨 4.9%；用于保障性住房的支出为 124.43 亿元，同比下降 2.8%；用于计划生育与卫生领域的支出为 281.22 亿元，同比上涨 0.7%；用于教育领域的支出为 513.82 亿元，同比上涨 1.1%；用于社保和就业的支出为 634.10 亿元，同比上涨 15.1%。

1. 农林牧渔业

2018 年，吉林省农林牧渔业产值增量为 1204.80 亿元，同比上涨 2.0%。其中，农林牧渔服务业产值增量为 44.09 亿元，同比上涨 2.0%；渔业产值增量为 23.91 亿元，同比下降 4.2%；牧业产值增量为 494.08 亿元，同比上涨 2.5%；林业产值增量为 44.56 亿元，同比下降 8.4%；农业产值增量为 598.16 亿元，同比上涨 3.2%。

2018 年，吉林省粮食播种达 569.55 万公顷，同比增加 56100 公顷。其中，油料播种 28.08 万公顷，同比减少了 12.79 万公顷；豆类、玉米、稻谷播种 34.35 万公顷、423.15 万公顷、83.97 万公顷，同比分别增加 1.46 万公顷、6.75 万公顷、1.89 万公顷。全年粮食生产总量为 3633.00 万吨。其中，水稻生产总量为 646.32 万吨，同比上涨 4.0%，单位面积产量为每公顷 7696.96 千克，同比上涨 1.4%；玉米生产总量为 2799.88 万吨，同比上涨 0.8%，单位面积产量为每公顷 6616.80 千克。

2018 年, 吉林省生产禽肉 79.43 万吨, 畜肉 172.27 万吨 (羊肉 4.62 万吨、牛肉 40.66 万吨、猪肉 126.99 万吨), 禽畜肉类总计 251.70 万吨。2018 年生猪出栏数量为 1570.42 万头, 2018 年底生猪存栏数量为 870.40 万头。生牛奶生产总量为 38.83 万吨。禽蛋产量为 117.11 万吨 (见表 4 - 1)。

表 4 - 1　2018 年吉林省农副产品产量情况

指标	单位	产量
粮食总产量	万吨	3633.00
蔬菜产量	万吨	438.15
禽蛋产量	万吨	117.11
生牛奶产量	万吨	38.83
水产品产量	万吨	23.41
猪存栏	万头	870.40
牛存栏	万头	325.29
羊存栏	万头	396.59
家禽存栏	亿只	1.62
猪出栏	万头	1570.42
牛出栏	万头	249.56
羊出栏	万只	383.02
家禽出栏	亿只	4.51

资料来源:《吉林省 2018 年国民经济和社会发展统计公报》。

2018 年, 吉林省农村用电量为 54.84 亿千瓦时, 同比增长 3.5%。农林牧渔业的机械动力总和为 3464.19 万千瓦, 同比增长 5.3%。全省节约型灌溉设备拥有量为 5.49 万套, 同比增长 30.1%; 已配备灌溉设备并能够正常灌溉的农田面积为 220.26 万公顷; 机电井拥有量达 19.42 万眼, 同比增长 3.7%; 中型和大型拖拉机拥有量合计为 31.59 万台。

2. 工业和建筑业

2018 年，吉林省工业产值增量为 5437.1 亿元（见图 4 - 1）。规模以上（年主营业务收入为 2000 万元及以上）工业产值增量同比上涨 5.0%。其中，重工业、轻工业分别同比上涨 6.1%、0.3%。按门类分，制造业与热电力、水和燃气的供给产值分别同比上涨 4.1%、13.6%；采矿业产值同比下降 0.2%（见图 4 - 2）。按经济类型分，集体所有制企业、国有及国有控股企业、外商及港澳台商投资企业产值分别同比上涨 32.1%、14.3% 和 13.8%（见图 4 - 3）。

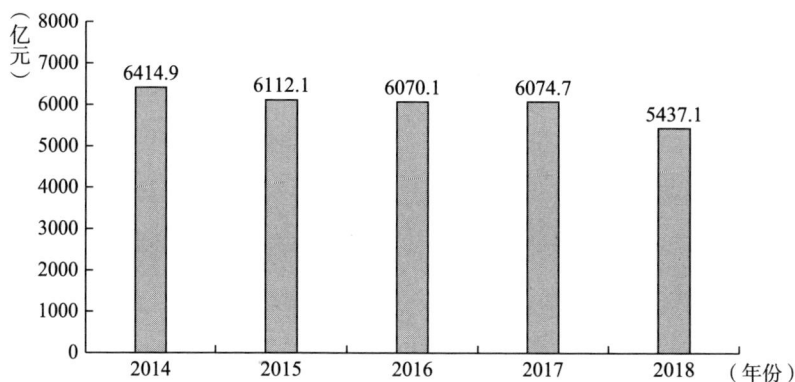

图 4 - 1　2014 ~ 2018 年吉林省工业产值增量

资料来源：《吉林省 2018 年国民经济和社会发展统计公报》。

在规模以上工业中，占重要战略地位并需要重点发展的产业产值增量同比上涨 6.1%，占规模以上工业产值增量的 86.8%。

高技术制造业、六大高耗能行业的产值增量同比分别增长 14.5%、2.1%，而装备制造业的产值增量同比下降 0.7%。这三个产业在规模以上工业产值增量中的占比分别为 7.1%、22.1%、6.9%。

2018 年，吉林省规模以上工业企业税前利润同比增长 10.7%，

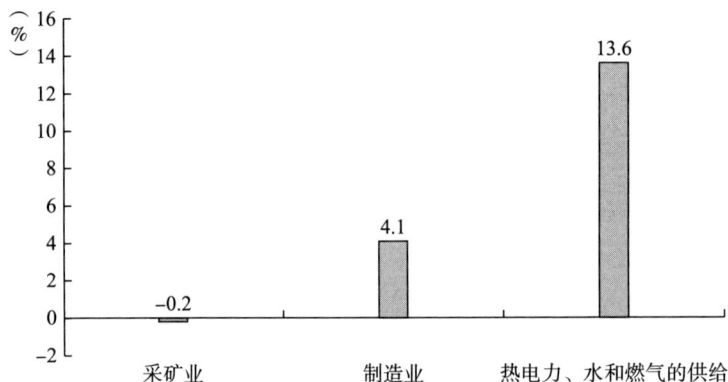

图 4 - 2　2018 年吉林省不同门类工业产值情况

资料来源：《吉林省 2018 年国民经济和社会发展统计公报》。

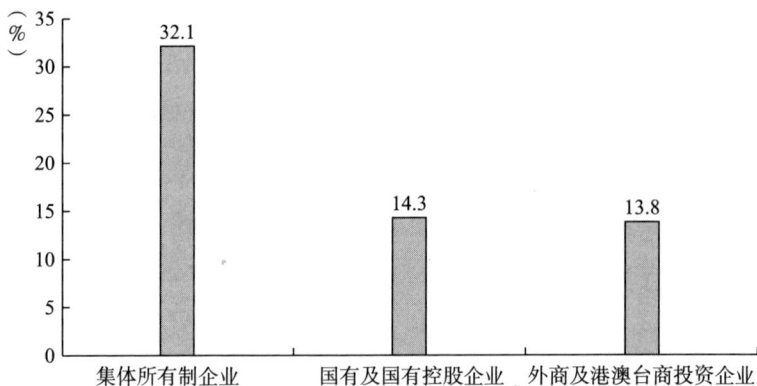

图 4 - 3　2018 年不同经济类型企业产值情况

资料来源：《吉林省 2018 年国民经济和社会发展统计公报》。

主营业务收入同比增长 3.9% 。高技术制造业和重点产业的税前利润分别增长 9.0% 和 12.7% 。

2018 年，吉林省建筑业总产值增加 1001.7 亿元（见图 4 - 4）。符合条件和资格的建筑总承包商和拥有丰富经验的建筑承包商产值合计为 2183.63 亿元，同比下降了 1.6% 。

3. 固定资产投资

2018 年，吉林省固定资产投资为 1.33 万亿元，同比上涨 1.4% 。

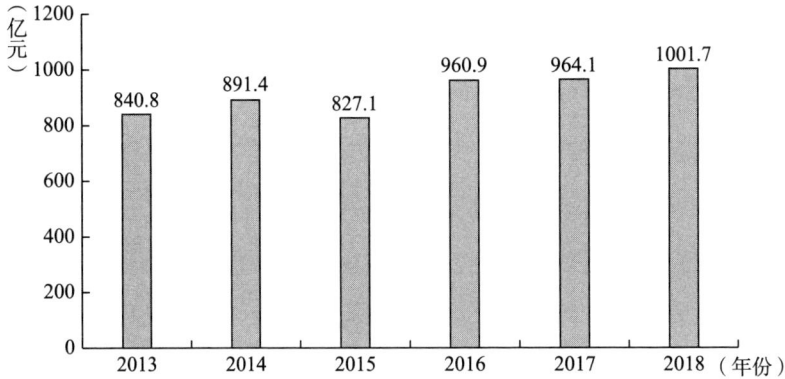

图 4 - 4　2013 ~ 2018 年吉林省建筑业增加值

资料来源：《吉林省 2018 年国民经济和社会发展统计公报》。

其中，不含农户的固定资产投资为 1.31 万亿元，同比上涨 1.4%。按产业分类，第一产业、第二产业、第三产业固定资产投资分别为 852.91 亿元、6351.31 亿元、5926.69 亿元（见图 4 - 5），同比分别增长 28.9%、-4.4%、5.1%（见图 4 - 6）。第二产业固定资产投资增长率下降主要是因为工业投资下降了 5.7%。

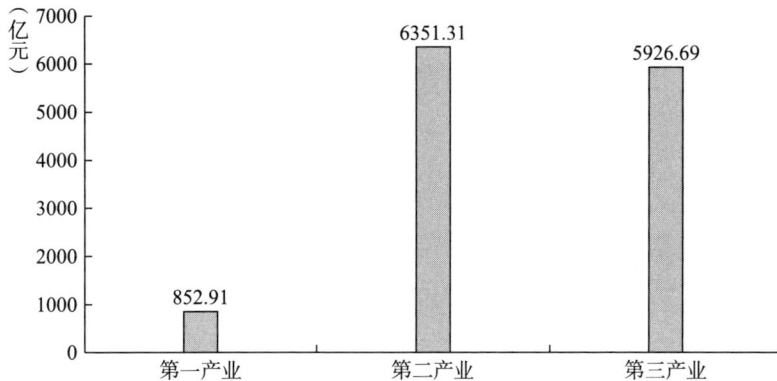

图 4 - 5　2018 年吉林省三次产业固定资产投资

资料来源：《吉林省 2018 年国民经济和社会发展统计公报》。

2018 年，吉林省六大高耗能行业固定资产投资、民间固定资产投资、基础设施投资分别为 1273.81 亿元、9666.69 亿元、2155.68

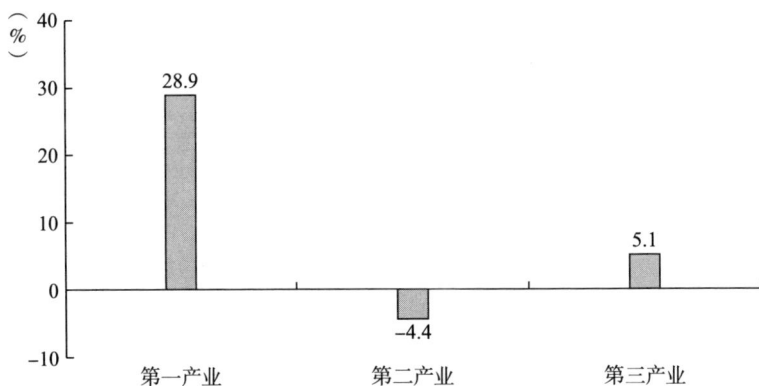

图 4 - 6 2018 年吉林省三次产业固定资产投资增长率

资料来源:《吉林省 2018 年国民经济和社会发展统计公报》。

亿元, 同比分别增长 - 1.5% 、1.3% 、8.3% , 在不含农户的固定资产投资中占比分别为 9.7% 、73.6% 、16.4% 。2018 年, 吉林省土地开发和房屋建设投资为 910.14 亿元, 同比下降 10.5% 。其中, 住宅投资为 633.55 亿元, 同比下降 10.9% 。房屋建成并验收的面积达 1478.85 万平方米, 同比上涨 9.4% 。商品房销售面积为 1885.21 万平方米, 同比下降 1.8% , 这主要是由于住宅销售面积同比减少了 1.8% 。商品房全年销售收入达 1135.18 亿元, 同比上涨 10.3% 。全年新、扩、改建项目投资分别为 6131.35 亿元、2257.54 亿元、2885.12 亿元, 同比分别增长 6.4% 、4.6% 、- 5.3% 。

4. 国内贸易

2018 年, 吉林省消费品零售额同比上涨 4.8% , 总销售额为 7520.37 亿元。乡村和城镇的消费品零售总额分别为 840.17 亿元和 6680.20 亿元, 同比分别增长 4.9% 和 4.8% 。餐饮收入和商品零售总额分别为 1012.66 亿元和 6507.71 亿元, 同比分别增长 6.5% 和 4.6% 。

在限额以上企业中, 不同行业的商品零售额同比增减幅度不同。

石油及制品类、家具类、中西药品类、日用品类、服装鞋帽及针纺织品类分别增长 4.7%、2.7%、3.9%、0.2%、0.1%;相比之下,汽车类、建筑及装潢材料类、通信器材类、文化办公用品类、家用电器和音像器材类、金银珠宝类、化妆品类、粮油食品及饮料烟酒类分别减少 10.5%、5.0%、4.3%、16.8%、4.5%、0.3%、0.2%、6.7%。

5. 对外经济

2018 年,吉林省货物进出口贸易总额(外贸总值)为 1362.79 亿元,同比上升 8.6%。其中,进口和出口贸易额分别为 1036.98 亿元和 325.81 亿元,同比分别增长 8.5% 和 8.8%(见表 4-2)。

表 4-2　2018 年吉林省货物进出口贸易总额及增长率

	金额（亿元）	同比增长（%）
进出口总额	1362.79	8.6
出口总额	325.81	8.8
其中:一般贸易	223.30	9.0
加工贸易	86.34	17.7
进口总额	1036.98	8.5
其中:一般贸易	969.20	13.4
加工贸易	25.81	-24.8

资料来源:《吉林省 2018 年国民经济和社会发展统计公报》。

2018 年,吉林省与共建"一带一路"国家的进出口贸易额为 380 亿元,同比增长 13.6%,高出全省外贸增速 5 个百分点,占全省外贸总值的比重超过 1/4,达到 27.9%,比 2017 年提高 1.3 个百分点。其中,出口总额为 98.1 亿元,同比增长 4.3%;进口总额为 281.9 亿元,同比增长 17.2%。

2018 年，俄罗斯一跃成为吉林省的第四大进出口贸易合作伙伴，吉林省与俄罗斯的进出口贸易总额为 62.40 亿元，同比增长 61.9%，在共建"一带一路"国家的进出口贸易总额中占 16.4%。吉林省与东盟成员国的进出口贸易额同比增长 14.4%。欧盟是吉林省最大的进出口市场，2018 年吉林省与欧盟的进出口贸易额比上年上涨了 7.7%，为 190.40 亿元。

6. 交通、邮电和旅游

在货物运输方面，2018 年吉林省货物运输量和货物运输周转量分别为 5.77 亿吨和 1886.46 亿吨公里，同比分别增长 6.2% 和 6.1%。在旅客运输方面，2018 年吉林省旅客运输总量为 3.27 亿人次，同比下降 2.8%；旅客运输周转量为 492.68 亿人公里，同比增长 1.7%。在航空运输方面，2018 年吉林省民航旅客运输量和起降航班次数分别为 1523.51 万人次和 11.37 万架次。

2018 年吉林省公路总里程为 10.39 万公里。等级公路、等外公路的总里程数分别为 98900.00 公里、4987.63 公里，占公路总里程的比重分别为 95.2%、4.8%。高速公路的总里程数为 3119 公里，占公路总里程的比重为 3.0%。

2018 年吉林省民用轿车和民用汽车的保有量分别为 253.46 万辆、423.44 万辆，同比分别增长 9.1% 和 8.9%。其中，私人轿车和私人汽车的保有量分别为 238.86 万辆和 382.34 万辆，同比分别增长 9.1% 和 8.7%。2018 年吉林省邮电业务总产值为 1147.06 亿元。其中，电信业务和邮政业务的总产值分别为 1074.42 亿元和 72.64 亿元，同比分别上升 114.9% 和 25.7%。邮政业务中的杂志、报纸、邮政寄递服务业务量分别为 1179.01 万份、2.97 亿份、3.38 亿件，同比分别增长 3.3%、1.5%、1.6%；汇兑、包裹、邮政函件业务量分别为 40.02 万笔、34.11 万件、1296.59 万件，同比分别减少 30.8% 、35.6% 、24.5% 。截至 2018 年底，邮政储蓄平均余额为 1086.24 亿元，同比增长 5.1% 。快递业快速发展，2018 年业务量为 2.26 亿件，同比增长 28.8% ，业务收入为 37.71 亿元，同比增长 23.9% 。电信业的局用交换机容量同比下降 22.18% ，截至 2018 年末为 321.70 万门。移动互联网用户和互联网宽带接入用户分别为 2457.37 万户和 588.22 万户，其中有 2328.94 万户是手机上网用户。移动互联网接入流量同比增长 1.07 倍，总量达 13.57 亿 GB。固定电话用户为 462.49 万户，其中农村和城市的固定电话用户分别为 102.87 万户和 359.62 万户，固话覆盖率为 17 部/百人。移动电话用户为 3001.06 万户，其中 3G 和 4G 移动电话用户分别为 307.90 万户和 2130.45 万户，移动电话覆盖率同比上涨 5.2% ，为 110.40 部/百人。

2018 年吉林省旅游业收入同比增长 20.1% ，达 4210.87 亿元。其中，旅游外汇收入和国内旅游收入分别为 6.86 亿美元和 4165.60 亿元，同比增长率分别为 -10.4% 和 20.5% 。2018 年，吉林省接待国内外游客达 2.22 亿人次，同比增长 15.2% 。其中，接待入境游客和国内游客分别为 143.75 万人次和 2.20 亿人次，同比增长率分别为 -3.2% 和 15.3% 。入境游客减少主要因为港澳台同胞和外国游客量分别下降了 0.9% 和 3.5% ，分别减少 19.91 万人次和 123.84 万人次。吉林省拥有 6 家国家 5A 级旅游景区，242 家国家 A 级旅游景区；全省有 5 家五星级宾馆，147 家星级以上饭店；有 1093 家旅行社（含 238 家分社）。

7. 金融

2018 年吉林省融资规模同比增加 1509.74 亿元。截至 2018 年末，全省境内金融机构本外币存款余额和贷款余额分别为 22056.27 亿元和 18993.33 亿元，相比年初分别增加 359.40 亿元和

976.40 亿元（见图 4 - 7）。其中，人民币存款余额和贷款余额分别为 21926.98 亿元和 990.10 亿元，相比年初分别增加 364.31 亿元和 990.10 亿元。

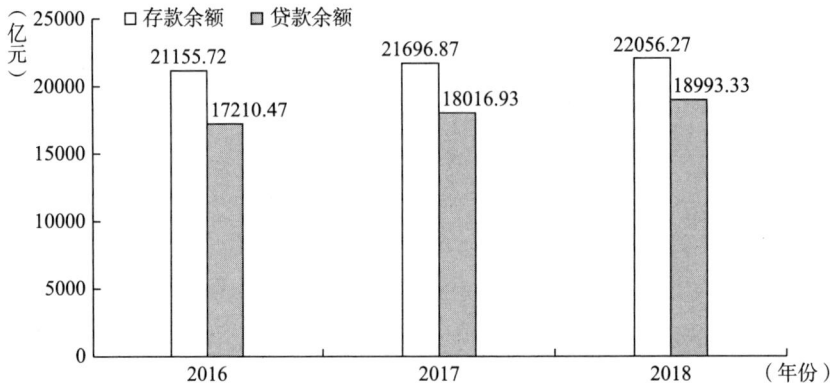

图 4 - 7 2016～2018 年吉林省境内金融机构本外币存款余额和贷款余额

资料来源：《吉林省 2018 年国民经济和社会发展统计公报》。

2016～2018 年，吉林省金融机构拥有的本外币存款余额与贷款余额均呈现持续上升的趋势，其中 2018 年本外币存款余额较上年增长 1.66%，比 2017 年的增长率 2.56% 低 0.90 个百分点；2018 年本外币贷款余额较上年增长 5.42%，比 2017 年的增长率 4.69% 高出 0.73 个百分点。

农商行与农信社是吉林省农村的主要金融机构。2018 年末两个银行发放的人民币贷款余额相比年初共增加 381.36 亿元，2018 年末人民币贷款余额合计达 2925.93 亿元。

截至 2018 年末，以人民币发放的消费贷款余额比上年增加 641.13 亿元，为 3849.85 亿元。按贷款期限分，截至 2018 年末，个人消费贷款中的中长期贷款与短期贷款余额分别为 3515.12 亿元和 334.73 亿元，分别比上年增加 561.41 亿元和 79.72 亿元

（见图4－8）。

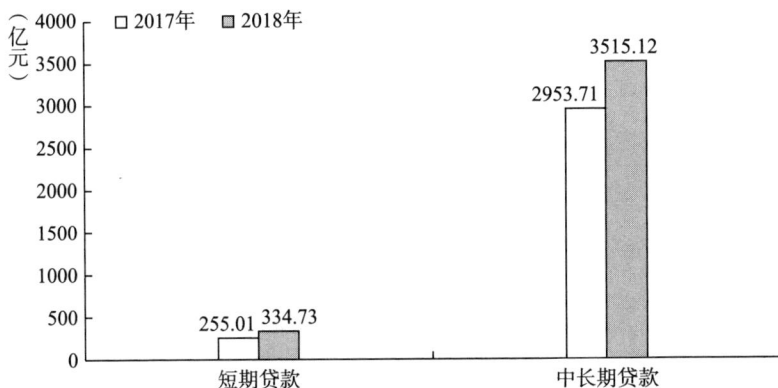

图 4－8　2017～2018 年吉林省按贷款期限划分的个人消费贷款余额

资料来源：《吉林省 2018 年国民经济和社会发展统计公报》。

截至 2018 年末，吉林省有 41 家境内上市公司。在证券交易所开立的账户和在证券市场开立的资金账户分别为 450.01 万户和 275.95 万户，同比都有所减少，减少户数分别为 27300 户和 7700 户。2018 年证券交易总额为 2.14 万亿元，同比下降 21.4%。其中，债券和股票的交易额分别为 1.03 万亿元和 9278.09 亿元，同比分别下降 13.2% 和 27.2%。

2018 年，吉林省保险行业保费收入总额同比下降 1.8%，为 629.89 亿元。其中，财产险、健康险、意外伤害险的收入分别为 173.41 亿元、96.55 亿元、11.60 亿元，同比分别上涨 11.6%、47.2%、24.8%；而寿险收入同比下降 15.3%，收入总额为 348.33 亿元。2018 年保险行业的赔款和给付金额同比上涨 9.8%，为 192.19 亿元。其中，财产险、健康险、意外伤害险的赔款和给付金额分别为 84.85 亿元、35.58 亿元、2.98 亿元，同比分别上涨 3.3%、69.5%、37.7%；寿险的赔款和给付金额同比下降 1.4%，为 68.78 亿元。

8. 科学技术和教育

截至 2018 年末，吉林省有中国科学院院士和中国工程院院士 22 人，已经建设完成并投入使用的国家级重点实验室 11 个、省部级重点实验室（省部级重点实验室是由科技部与吉林省共同建立）3 个、省级重点实验室 98 个，另有 157 个省级科技创新中心。

2018 年，吉林省的国内专利申请量同比上涨 32.2%，全年共计 27034 件；国内专利授权量同比上涨 25.2%，全年共计 13885 件。其中，发明专利申请量和授权量分别为 10530 件和 2868 件，同比增长率分别为 35.3% 和 -6.2%。2018 年吉林省国内专利申请量、授权量和发明专利申请量的增长速度比 2017 年的增长速度分别快 24.10 个百分点、14.19 个百分点和 32.14 个百分点（见图 4 -9）。

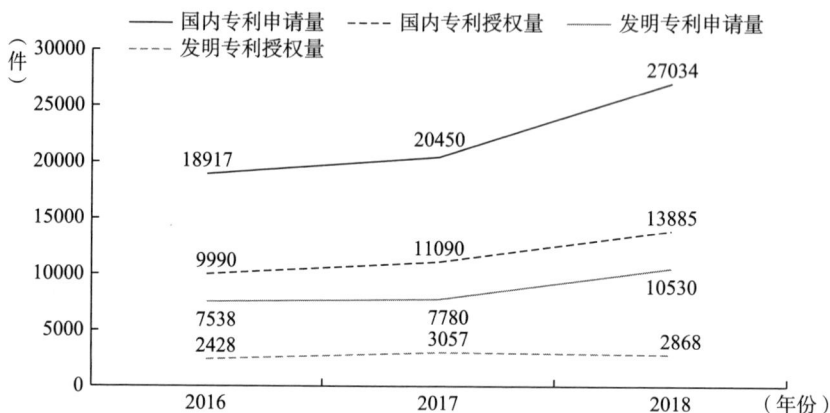

图 4 -9　2016 ~ 2018 年吉林省专利申请和授权情况

资料来源：《吉林省 2018 年国民经济和社会发展统计公报》。

2018 年，吉林省有 674 项省级科技成果。全年获得国家科技奖 4 项；省科技进步奖 214 项（一等奖 20 项，二等奖 90 项，三等奖 104 项）；省科学技术发明奖 16 项（一等奖 5 项，二等奖 2 项，三等奖 9 项）；省自然科学奖 48 项（一等奖 11 项，二等奖 17 项，三等奖 20 项）。2018 年，吉林省缔结技术类合同共 4252 份，完成

341.93 亿元的合同交易额，同比上升 55.58%。

　　截至 2018 年末，吉林省有 1016 个产品质检机构，包括 14 个国家质检中心。55 个法定计量技术机构全年强制性检定了 107.23 万台测量仪器。全省拥有 2 家认证机构，6026 户企业通过认证机构进行自愿认证，并颁发 12989 张证书。2018 年全省监察 807 个批次的工业产品，共 39 个品种，96.9% 的产品质量合乎标准。全省有 279 家企业可以使用地理专用标志。全省有 59 个省级质量奖产品，907 个名牌产品。

　　2018 年，吉林省针对干旱、雨雪、严冬等气象灾害发布的预警信号共计 6624 次，以手机短信接收的人数有 900 多万人次。全年实施 1160 次人工防雹工作，防雹工作覆盖 40000 平方公里的农田。在人工增雨的工作中，实施地面作业 617 次，使降雨增加 30 亿立方米；实施空中作业 67 架次，飞行时间共计 237 小时。

　　截至 2018 年末，吉林省地震前兆观测井共有 29 口、地震台站 37 个（其中含火山观测站 11 个）；全省幼儿园、小学、初中、普通高中、中等职业教育学校（简称"中职"）数量分别是 3617 所、3871 所、1175 所、248 所、260 所，2018 年招生人数分别为 18.67 万人（入园人数）、20.13 万人、22.42 万人、12.91 万人、3.51 万人，在校生分别为 41.92 万人（在园人数）、120.19 万人、66.06 万人、40.85 万人、12.09 万人，在 4.17 万名中职毕业生中，有 2.06 万人取得了相关职业技术证书；全省共有 1418 所职业技术培训机构和学校，已有 10.97 万名学生完成注册；另有 50 所特殊教育学校，在校学生达 9649 人。

　　截至 2018 年底，吉林省有 21 个提供研究生教育的单位，2018 年招收研究生 2.41 万人，硕博研究生在校生有 6.88 万人；全省有 62 所普通高校，其中，普通本科院校（含独立学院 6 所）和普通专科（高职）院校分别为 37 所和 25 所。2018 年，普通高校录取 18.75 万人，在校生有 65.83 万人，同比增加 1.45 万人。另外，2018 年成人本科和成人专科共录取 5.70 万人，在校生总计 11.90 万人。

截至 2018 年底，吉林省共有 3043 所民办学校，在校生共计 62.42 万人。按教育层次分类，民办幼儿园、民办小学、民办初中、民办中等职业学校、民办普通高中、包含独立学院的民办普通高等学校的数量分别为 2863 所、17 所、43 所、66 所、35 所、18 所，在校（园）人数分别为 25.95 万人、6.50 万人、7.96 万人、1.67 万人、4.12 万人、16.21 万人。另有 1 所民办特殊教育学校，在校学生 69 人。

吉林省单独设立少数民族学校。截至 2018 年底，少数民族幼儿园、小学、初中、普通高中的数量分别为 66 所、165 所、71 所、23 所，在校（园）人数分别为 3.06 万人、11.01 万人、5.72 万人、3.84 万人。另外，在中职和高等教育院校的在校生中，少数民族学生分别为 0.70 万人和 11.31 万人。

9. 文化、卫生和体育

截至 2018 年末，吉林省有 107 座博物馆，全年入馆人数为 1050 万人次；66 个公共图书馆；45 个专业表演艺术团体；79 个文化馆（含群众艺术馆）。

2018 年吉林省共出版 28499 种（套）图书，图书总定价为 47.55 亿元，当年新出版的图书有 14227 种。期刊、报纸分别印发 7049.38 万册、7.10 亿份，总定价分别为 4.97 亿元、10.14 亿元。2018 年末，电视和广播的人口覆盖率分别达 99.10% 和 99.01%。其中，数字电视和有线广播电视实际的用户数量分别为 440.73 万户和 453.53 万户。

截至 2018 年末，吉林省共有 7.69 万名具有执业资格证的医师和助理医师，另有 7.62 万名持有执业资格证的护士，共有 18.34 万名卫生技术人员。卫生院和医院现有 15.79 万张床位。全省有 777 个乡镇卫生院，1.88 万名卫生技术医护人员。全省婴儿出生后不满周岁死亡的人数占出生人数的比重为 3.14‰，每 10 万名孕产妇有 15.89 人死亡。在法定传染病方面，2018 年报告发病人数和报告死亡人数分别为 51133 例和 169 例，报告发病率和报告死亡率分别为 188.17/10 万和 0.62/10 万。

2018 年，在国内、国际重大体育赛事中，吉林省运动员揽获金、银、铜牌数量分别为 103 枚、103 枚、116 枚。全省有 11 个国家级高水平体育后备人才基地，以储备高水平体育人才。全年培训审批 160 名国家级社会体育指导员、550 名一级社会体育指导员、2844 名二级社会体育指导员、5624 名三级社会体育指导员，共计 9178 人。"五个一"工程建设了众多全民健身活动场所，覆盖 8801 个含社区的行政村和 1573 个含街道的乡镇，资助的体育公园（健身广场）、体育场、全民健身中心数量分别为 70 个、50 个、51 个。

10. 人口、人民生活和社会保障

2018 年末，吉林省人口总数为 2704.06 万人。其中，城镇常住人口有 1555.65 万人，常住人口城镇化率相比上年末的 56.65% 增加了 0.88 个百分点，达到 57.53%。2018 年吉林省出生与死亡的人口数量分别为 17.99 万人和 17.01 万人；人口自然增长率为 0.36‰，出生率和死亡率分别为 6.62‰ 和 6.26‰。男性：女性为 102.41：100（见表 4 - 3）。2018 年城镇就业人数新增 47.94 万人，城镇登记失业率为 3.46%。

表 4 – 3　2018 吉林省人口情况

指标	年末数（万人）	比重（%）
全省总人口	2704.06	—
其中：城镇总人口	1555.65	57.53
乡村总人口	1148.41	42.47
其中：男性	1368.13	50.60
女性	1335.93	49.40

资料来源：《吉林省 2018 年国民经济和社会发展统计公报》。

2018 年，吉林省农村常住居民人均可支配收入与城镇常住居民人均可支配收入分别为 13748 元与 30172 元，同比均有所上涨，增长率分别为 6.2% 和 6.5%（见图 4 – 10）；农村常住居民人均消费支出与城镇常住居民人均消费支出分别为 10826 元和 22394 元，同比分别增长为 5.3% 和 11.7%；农村和城镇的恩格尔系数分别为 27.8% 和 24.9%。

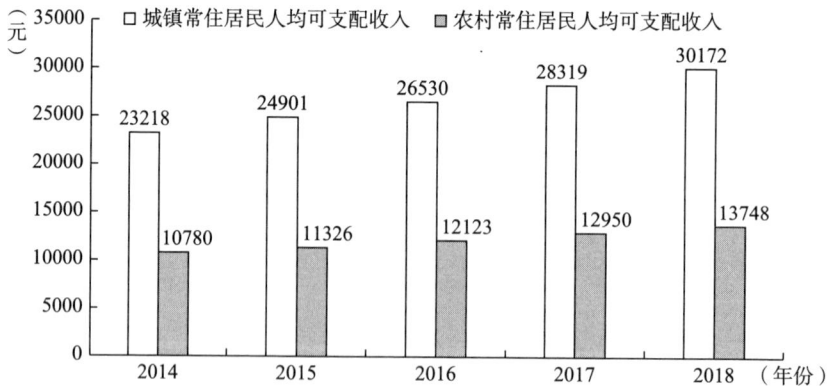

图 4 – 10　2014 ~ 2018 年吉林省城镇和农村常住居民人均可支配收入

资料来源：《吉林省 2018 年国民经济和社会发展统计公报》。

2018 年，吉林省新型农村合作医疗与城镇职工和居民基本医疗保险的参保人数分别为 1226.44 万人和 1380.91 万人，总计

2607.35 万人。441.40 万人拥有工伤保险。救助因贫困而不能进行治病的居民 235.44 万人次。2018 年，全省筹措 52.46 亿元用于省级临时救助、特困供养、城乡低保。其中，为使 128.15 万名困难群众和受灾群众得到基本的生活保障，吉林省划拨了 2.53 亿元的救助资金。吉林省有 8.71 万名特困人员得到基本的生活保障，其中城市和农村的特困人员数量分别为 0.66 万人和 8.05 万人，城市和农村集中供养对象的年人均补助标准分别为 7786 元和 4980 元，吉林省集中和分散供养的人数分别为 1.52 万人和 7.19 万人。另外，城市低保月保障标准为 508 元，比上年上涨 4.96%；月人均补助水平达 487 元，比上年上涨 21.8%。农村低保年保障标准为 3872 元，比上年上涨 3.7%；年人均补助水平达 2448 元，比上年上涨 33.3%。111.20 万名城乡低保对象得到基本的生活保障。

11. 环境和安全生产

2018 年，吉林省消耗的能源总量为 8158.04 万吨标准煤，同比增加 142.79 万吨。其中，清洁能源（天然气、风电等）消费量所占比重为 9.5%。全年耗用的电量同比上升 6.8%，总量为 750.57 亿千瓦时。吉林省万元地区生产总值能耗同比下降 2.6%（见图 4 – 11），万元规模以上工业综合能源消费量在工业总产值中的占比同比下降 2.6 个百分点。

2018 年，吉林省总体空气质量相对平稳，按照《环境空气质量标准》（GB 3095—2012），空气达到优良级别的天数占全年的 90.3%。

截至 2018 年底，吉林省的主要江河有监测断面 85 个，其中有 70 个断面达水质控制目标要求，占比为 82.4%。在达到要求的断面中，有 56 个属于 Ⅰ ~ Ⅲ 类，占比为 65.9%（以总断面数为基数）。位于主要城市的 15 个地表水源地和 2 个地下水源地水质状况

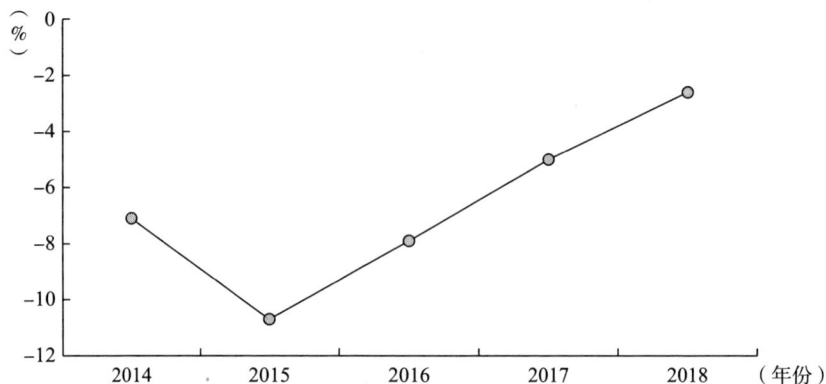

图 4 – 11　2014 ~ 2018 年吉林省万元地区生产总值能耗情况

资料来源:《吉林省 2018 年国民经济和社会发展统计公报》。

都良好。2018 年, 吉林省有 51 个自然保护区, 其中国家级 24 个、省级 19 个、市县级 8 个。自然保护区面积占吉林省总面积的 13.6%。全年有 699 人死于生产安全事故, 同比下降 20.4%。对于生产安全事故死亡人数, 以亿元地区生产总值衡量为 0.046 人/亿元 GDP, 工矿商贸企业为 1.489 人/10 万人, 煤矿业为 0.575 人/百万吨, 前两个指标同比有所下降, 分别下降 19.3% 和 9.5%, 第三个指标同比增加 94.9%。

二　吉林省 PPP 模式项目发展概况

2015 年 6 月, 吉林省政府共推出 98 个 PPP 模式项目, 总投资为 931 亿元; 2016 年底, 有 115 个项目列入吉林省 PPP 模式项目库, 比上年增长 101.8%。覆盖省政府直接管辖的地区和 9 个市州, 项目涉及文体、社保、养老、市政工程等 15 类基础设施和公共事业领域。截至 2016 年底, 已经开展的项目占比为 19.1%, 总计 22 个, 比上年增长 214.3%。2016 年, PPP 模式项目投资额比上年增长 200.9%，为 2868.2 亿元。其中，已经签约或支付的投资额占投资总额的 15.0%，合计 430.4 亿元。①

截至 2018 年 1 月，吉林省 PPP 模式项目引入社会资本 2358.9 亿元，全省民间投资占比达到 73.6%，共谋划亿元以上重大项目 2148 个，总投资 1.72 万亿元，转化实施项目 636 个。截至 2018 年 6 月 30 日，吉林省 PPP 模式项目已纳入财政部 PPP 综合信息平台项目管理库的有 140 个，入库金额为 3232.39 亿元。② 其中，交通运输类 13 个项目，水利建设类 5 个项目，生态建设和环境保护类 11 个项目，农业类 1 个项目，科技类 1 个项目，保障性安居工程类 1 个项目，医疗卫生类 2 个项目，养老类 2 个项目，教育类 4 个项目，体育类 5 个项目，市政工程类 80 个项目，政府基础设施类 3 个项目，城镇综合开发类 6 个项目，旅游类 1 个项目，其他类 5 个项目。

近几年，长春市政府在各区县创设了多个招商局，以便更快地吸引投资。除此之外，市领导时常组织招商团队并带队去北上广等地区举行 PPP 模式项目的推广介绍，以吸引各地社会资本投资吉林省的 PPP 模式项目。同时，吉林省坚持以"稳增长"为核心，将 PPP 模式作为创新政府管理方式的途径，拓宽社会资本尤其是民营资本的进入渠道，拉动社会投资，促进经济发展。吉林省认真贯彻落实习近平总书记重要讲话精神，秉持"绿水青山就是金山银山"理念，充分发挥 PPP 模式在流域治理、海绵城市建设、环境监测等生态环保领域的作用，引入社会资本的专业技术

① 资料来源：《吉林省 2015 年度 PPP 工作总结》《吉林省 2016 年度 PPP 工作总结》《吉林省 2017 年度 PPP 工作总结》。
② 资料来源：财政部政府和社会资本合作中心，http://www.cpppc.org/PPPcentral/map/toPPPMap.do。

和管理。吉林省城乡差距较大，城市人口占总人口的比重不到60%，传统经济与现代经济并存。作为东北部经济大省，城乡之间仍然存在较大的差距，城市公共服务有待改善，吉林省多个地区的发展处在工业化前期或中期。如今，吉林省的产业结构已发生了非常大的变动，驱动吉林省经济发展的主导力量由单线（工业）变成双线（工业和服务业）。吉林省需要进一步探索医疗、教育等公共事业的发展路径。吉林省经济持续增长是不可否认的事实，但地区间经济差距较大。长春市的产业体系、经济发展水平、居民消费能力远高于省内其他地区。政府应持续促进省内所有城市的发展，引导不同地区根据各自的发展特点，持续推进经济转型、改造升级，以提高吉林省经济发展的总体水平，进而推动吉林省实现从总体小康向全面小康的升级。

三 吉林省推进 PPP 模式项目的措施

（一）制定配套政策，完善制度基础

2015 年以来，吉林省委、省政府先后印发了《关于创新重点领域投融资机制鼓励社会投资的实施意见》《关于在公共服务领域推广政府和社会资本合作模式管理的实施办法》《关于深化投融资体制改革的实施意见》等政策文件，在生态环保、农业、水利、市政设施、交通、能源、信息和民用空间设施、社会事业八大领域进一步吸引社会资本投资，规范了 PPP 模式项目流程，进一步推动了 PPP 模式示范项目的实施。为加快推进全省 PPP 模式项目建设，2015 年吉林省财政厅成立了专门处，负责全省 PPP 模式的政策研究、政策咨询、信息统计。长春市、吉林市、通化市等 10余个市县的财政部门设立 PPP 专门管理机构，抽调专业人员负责

PPP 模式有关工作。

（二）大力建设 PPP 模式项目库

2016 年，吉林省组建 PPP 模式第三方咨询服务机构库，已有咨询机构 30 家、律师事务所 10 家、会计师事务所 7 家。建立 PPP 模式专家库，入库专家 235 人。2014 年以来，吉林省通过国家发展改革委和省发展改革委门户网站向社会推介项目 40 个，总投资 789 亿元。截至 2018 年 11 月，根据财政部政府和社会资本合作中心数据，吉林省向财政部信息平台报送的 PPP 模式项目共入库 156 个，总投资为 3143.72 亿元。[①] 根据吉林省发展改革委网站的数据，2018 年吉林省建立了覆盖市政工程、交通运输、生态环保等 15 个领域的项目库。其中长春市和四平市已签约的项目分别为 24 个和 9 个，投资总额分别为 285.6 亿元和 164.7 亿元。辽源市已签约项目 2 个，总投资为 4.3 亿元。通化市已签约项目 5 个，总投资为 110.1 亿元。白山市已签约项目 4 个，总投资为 23.6 亿元。松原市已签约项目 4 个，总投资为 50.1 亿元。白城市已签约项目 3 个，总投资为 21.5 亿元。吉林市已签约 18 个项目，总投资为 269.7 亿元。

（三）加强 PPP 模式项目推介工作

2014 年以来，吉林省通过国家发展改革委和省发展改革委门户网站向社会进行项目推介，下面是吉林省送国家发展改革委推介的 PPP 模式项目。

吉林省长春市、松原市，铁科高速榆树至松原段 184 公里四车道高速公路。

---

① 资料来源：财政部政府和社会资本合作中心，http://www.cpppc.org/。

吉林省辽源市、四平市，集安至双辽高速公路东丰至双辽段206 公里四车道高速公路。

吉林省延边朝鲜族自治州和龙市、安图县、敦化市，延长龙井至大蒲柴河段 48 公里四车道高速公路。

吉林省白山市松江河至漫江新建铁路 41 公里。

吉林省长春市串湖污水及污泥处理项目，在建 20 万吨/日污水处理厂 1 座。

吉林省长春市餐余垃圾处理项目（一期）。

吉林省长春市三道垃圾场环保生态公园项目。建设内容分为包含浓缩液处理和封场等工程的垃圾场治理和包含园林、照明、绿化等工程的生态修复。

吉林省长春市园林综合体（温室景观园）。

吉林省长春市光明公园。

吉林省长春市静态停车场项目，建设内容为新增约 240 个泊位静态交通智能管理系统。

吉林市厨房垃圾处理项目，初步打算在吉林市南三道收集和处理生活垃圾的地方设立厨房垃圾处理厂，项目一期建成后，达到每日处理 100 吨垃圾的标准，后期全部完工后，达到每日处理 200 吨垃圾的标准。

吉林省长春市双阳区生活垃圾处理场改扩建项目，项目占地面积为 10 公顷，建成后处理能力达到 300 吨/日。项目内容为改建调节水池、扩建垃圾场、续建填埋区等。

吉林省长春市五水厂工程。在城南和城北分别新建一座加压泵站，取水能力分别为每日 18 万吨和每日 12 万吨；改扩建放牛沟的加压泵站和石头口门的取水泵站，使取水能力增加到每日 30 万吨；新建一座净水厂，达到每日 30 万吨的供水标准；新建 96 公里的输水管道。

吉林省长春市一水厂、三水厂改扩建工程。铺设 23 公里的输水管道；在一水厂新建一个净水系统，达到每日 25 万吨的供水标准；新建污泥处理间等；对变电所进行改造；改造三水厂的加氯和净水系统。

吉林省辽源市经济开发区医院新建项目，项目规划占地 5 万平方米，设立 600 张床位。项目的重心为住院楼、综合楼和门诊楼。

吉林省长春市伊通河综合治理工程，包括串湖污水干管截流、伊通河南南段防洪、南溪湿地建设等六大项目建设。

吉林省长春市排水公司污水提标及中水回用工程，项目完成后，西郊污水厂的污水处理能力达每天 15 万立方米，出水达一级 A 标准。

吉林省白城市生活垃圾焚烧发电工程，建设两台 400 吨/日的垃圾焚烧炉。

吉林省长春市双阳污水厂提标改造工程，用新设备替换旧设备，新建深度处理污水的设备设施，提标后出水达一级 A 标准。

吉林省白城市供热整合工程，建设吉林龙华热电厂老城区供热管网 2.9 公里、生态新区供热管网 5.5 公里，以及换热站 6 座、调峰锅炉房一座。

吉林省长春市照明亮化工程，新建工程 466 公里，路灯 28000 盏。

吉林省白山市城区供水工程，新建输水管线 29.86 公里、新建日供水 5 万吨的净水厂一座、新建改造配水管线 50.2 公里。

吉林省白山市"气化白山"管道燃气工程，建设 CNG 母站一座，输气管道 21 公里。

吉林省吉林市新北污水处理厂一期工程，总占地面积 5.5 万平方米，厂区建筑面积 9110.33 平方米，主要建设粗格栅、进水泵房、细格栅、旋流沉砂池、鼓风机房、变配电间、接触池、污泥脱水机房、综合楼等。

（四）积极加入国家 PPP 模式示范项目，积极发挥示范作用

PPP 模式示范项目经财政部挑选，组织专业人士根据项目竞争程度、社会资本真实程度、运作方式合理程度、交易结构适当程度和财政长期维持情况等择优确定，每年发布。国家开展 PPP 模式示范项目的筛选工作，是为了深入推进公共服务领域政府和社会资本合作工作，加强示范引领和样板推广，使 PPP 模式项目能够更加准确有效地在目标地实施，在稳定增长、促进改革、调整结构、普惠民生等方面发挥积极作用。在财政部示范项目中，吉林省的 PPP 模式项目数量逐年增加，这是吉林省 PPP 模式发展的又一进步。

2015 年，吉林市第六供水厂建设工程（一期）、国电吉林热电厂热源改造工程进入了国家第一批 PPP 模式示范项目名单。

2016 年，长春市北湖湿地生态文化综合治理（40 亿元）、长春市八一公园（25 亿元）、长春市养老综合体（9 亿元）、四平市地下综合管廊（10.3 亿元）、长春市地下综合管廊皓月大路（9.6 亿元）、长春市地下综合管廊南部新城乙六路（3.8 亿元）、吉林市地下综合管廊（150 亿元）、松原市城区园林绿化（5.5 亿元）、汪清县西大坡水库（6.8 亿元）进入了国家第二批 PPP 模式示范项目名单。[①]

2017 年，吉林省集双高速公路（通化—梅河口段）PPP 模式项目（70.4 亿元）、长春市伊通河城区段百里整治项目南溪湿地综

---

① 《关于公布第二批政府和社会资本合作示范项目的通知》，财政部网站，2015 年 9 月 29 日，http://jrs. mof. gov. cn/zhengcefabu/201509/t20150929_1481655. htm。

合治理工程（13.8 亿元）、国道牙克石至四平公路桑树台至四平段 PPP 模式项目（12.8 亿元）、四平市海绵城市建设 PPP 模式项目（53.9 亿元）、公主岭市水务一体化项目（5.4 亿元）、公主岭市 2015～2018 年地下综合管廊建设工程（25.3 亿元）、大岭汽车物流产业园区东风大街（兴岭路—新凯河）道路工程（3.6 亿元）、通化市地下综合管廊及道路改造 PPP 模式项目（73.4 亿元）、白山市地下管廊工程（45.5 亿元）、松原市地下综合管廊 PPP 模式项目（43.5 亿元）、珲春市城市地下综合管廊一期工程 PPP 模式项目（7.2 亿元）、长白山旅游轨道交通 PPP 模式项目（50.5 亿元）进入了国家第三批 PPP 模式示范项目名单。①

2018 年，吉林省长春市农安县公共体育馆 PPP 模式项目（3.5 亿元）、吉林省吉林市温德河湿地水生态综合治理（3.3 亿元）、吉林省吉林市中新吉林食品区农业产业化 PPP 模式项目（16.2 亿元）、吉林省四平市四梨同城化地下综合管廊工程 PPP 模式项目（46.2 亿元）、吉林省通化市污水厂一期提标改造及二期扩建 PPP 模式项目（8.1 亿元）、吉林省梅河口市李炉乡蓄水工程 PPP 模式项目（6.8 亿元）、吉林省白山市老旧小区及弃管楼节能宜居（城市风貌设计及改造）项目（6.2 亿元）、吉林省白山市怡康医养结合养老综合体·白山第二社会福利院（3.4 亿元）、吉林省延边朝鲜族自治州珲春市珲春城市地下综合管廊二期工程 PPP 模式项目（41.2 亿元）、吉林省延边朝鲜族自治州珲春市海绵城市建设 PPP 模式项目（一期工程）（15.8 亿元）、吉林省延边朝鲜族自治州珲春市老旧小区和弃管楼节能宜居及海绵城市（风貌改造）PPP

---

① 《关于联合公布第三批政府和社会资本合作示范项目加快推动示范项目建设的通知》，财政部网站，2016 年 10 月 13 日，http://jrs.mof.gov.cn/zhengcefabu/201610/t20161013_2435127.htm。

模式项目（一期）（11.9 亿元）进入了国家第四批 PPP 示范项目名单。[①]

（五）拓宽融资渠道，加大资金支持力度[②]

2014～2016 年，吉林省积极争取中央预算内资金、试点资金共 1.025 亿元，专项支持 44 个 PPP 模式项目建设；设立了以奖代补专项资金，有 16 个项目获得 1700 万元的奖补资金支持；设立了 PPP 模式项目融资引导资金，为吉林省 PPP 模式项目提供增信和融资支持，目前吉林省 PPP 模式项目融资规模已达 18 亿元。另外，长春市高新技术产业开发区北区污水处理厂已列入国家发展改革委推进的 PPP 模式资产证券化项目，拟进行社会融资 1.3 亿元。松原市海绵城市是世界银行拟投资支持的 8 个项目之一。

（六）打造试点示范，创新 PPP 模式工作[③]

2014～2016 年，在国家和吉林省政府的大力支持下，吉林省部分地区主动作为、创新举措，推动 PPP 模式项目建设，成效明显，具有较强的示范带头作用。2016 年，松原市作为全国重大市政工程领域 PPP 模式创新工作重点城市，成立了以常务副市长为组长的传统基础设施领域 PPP 工作领导小组，建立了联席会议制度和调度机制，完善了相关规划和管理办法，并安排 500 万元经费专项用于 PPP 模式项目前期工作，吸引更多的金融资本参与 PPP 模式项目建设。公主岭市成立了 PPP 工作领导小组、PPP 模式项目指挥部，组建了财建集团、岭富集团等投融资平台，先后与中

---

① 《关于公布第四批政府和社会资本合作示范项目名单的通知》，财政部网站，2018 年 2 月 6 日，http://jrs. mof. gov. cn/gongzuotongzhi/201802/t20180206_2806277. htm。

② 2017 年 7 月，国家行政学院第三方评估组对吉林省"大力促进民间投资政策落实情况"的评估报告。

③ 2017 年 7 月，国家行政学院第三方评估组对吉林省"大力促进民间投资政策落实情况"的评估报告。

铁、山东水务、无锡华光以及国开行、农发行等企业和金融机构开展战略合作，为 PPP 模式项目提供融资。2017 年 4 月，《国务院办公厅关于对 2016 年落实有关重大政策措施真抓实干成效明显地方予以表扬激励的通报》发布，农安县为东北三省唯一获得表扬的城市。另外，延吉市、磐石市、农安县被列为全国深化县城基础设施投融资体制改革的试点县，延吉市朝阳川镇被列为全国深化城镇基础设施投融资创新特色镇。

（七）开展信息宣传与信息公开

吉林省通过多种渠道和方式，宣传 PPP 模式项目，向社会各界推荐 PPP 模式项目，使吉林省社会各方及时深入了解吉林省 PPP 政策，推进政府和社会资本的合作，推动项目实施推进。吉林省重点通过多种载体、多种形式加强对党政领导、行业管理部门宣传 PPP 模式理念，特别是在 PPP 模式发展慢的地区，促进这些地区的社会各方能够正确认识 PPP 模式的内涵、尊重 PPP 模式的客观规律，尽快适应政府职能和履职方式的转变。吉林省财政厅在门户网站上设立 PPP 模式专栏，开通 "项目信息" "政策制度" "服务需求" "网络课堂" "项目推介" 等板块，提供 "公示项目信息" "公开相关制度文件" "学习材料" 等服务，积极利用网络媒介宣传 PPP 模式，推广与 PPP 模式相关的知识。在省级 PPP 综合信息平台发布政策，归集与发布项目信息、中介机构和专家评价，监管社会资本，并且动态监管 PPP 模式项目的财政支出，多维度加强信息公开和宣传。通过吉林省发展改革委网站和吉林省财政厅网站建立 PPP 模式项目发布平台，面向全国公开披露政策法规及项目信息。

截至 2018 年 10 月 14 日，"政策制度" 板块已发布 PPP 模式项目相关信息 33 条，包括转发财政部的通知以及吉林省财政厅发布的通知等。截至 2018 年 10 月，"网络课堂"板块发布了"以奖代补申报注意事项""四川省推广运用 PPP 模式及以奖代补情况简要汇报""山东省 PPP 示范项目申请以奖代补资金审核情况汇报""PPP 模式项目案例解析""PPP 奖补政策解读"等内容。"项目推介"板块发布了 2017 年的 6 项推介项目。"项目信息"板块发布了长春市城区地下综合管廊项目等 48 个项目的信息。

在吉林省发展改革委网站上，PPP 模式专栏开通了"项目库""政策法规""典型案例"三个栏目。截至 2018 年 10 月 14 日，"项目库"包含了长春市、吉林市、四平市、辽源市、通化市、白山市、松原市、白城市、延边朝鲜族自治州、长白山管委会的项目信息。"政策法规"栏目有《PPP 模式项目库操作注意事项》《国务院关于鼓励和引导民间投资健康发展的若干意见》等 16 个文件。"典型案例"栏目中有北京地铁四号线项目、大理市生活垃圾处置城乡一体化系统工程、固安工业园区新型城镇化项目、合肥市王小郢污水处理厂资产权益转让项目、江西峡江水利枢纽工程项目、酒泉市城区热电联产集中供热项目、陕西南沟门水利枢纽工程项目、深圳大运中心项目、苏州市吴中静脉园垃圾焚烧发电项目、渭南市天然气利用工程项目、张家界市杨家溪污水处理厂项目、重庆涪陵至丰都高速公路项目等案例。

（八）积极构建 PPP 模式咨询机构

2016 年 3 月 7 日，在吉林省财政厅组建的 PPP 模式第三方咨询服务机构库招标中，吉林省建苑设计集团有限公司入选咨询服务机构库，集团战略合作伙伴功承律师事务所同期入选律师事务所服务机构库。吉林省财政厅 PPP 模式第三方咨询服务机构库的建立标志着吉林省政府和社会资本合作项目咨询服务的进一步规范化，遴选出有较高服务能力和水平的服务机构入库，能够促进吉林省 PPP 模式项目的开展。参与此次投标的咨询单位有省内优秀咨询单位与国内知名咨询单位。此次遴选吉林省 PPP 模式第三方咨询服务机构，是吉林省自推动省内第一个新型城镇化 PPP 模式项目二道区英俊镇新型城镇化基础设施建设项目落地实施后的又一进展。

（九）加入中国 PPP 基金筹建项目

中国政企合作投资基金股份有限公司（简称"中国 PPP 基金"）是由国务院批准，财政部与全国社保基金会、银行等金融机构共同建立的，主要为政府和社会资本合作融资提供支持，由中国政企合作投资的基金公司和管理公司共同完成工作。中国政企合作投资基金股份有限公司注册资本 1800 亿元，公司经营涉及多个方面，在 PPP 模式项目中，公司以社会资本方的身份进行投资，以股权、债权、担保等为主要手段，为 PPP 模式项目提供资金、财务支持，实现基金的稳健、高效运行，促进 PPP 模式项目的落地。

截至 2018 年 6 月，中国 PPP 基金与 9 省区签署基金投资合作协议，其中吉林省 PPP 模式项目包括集双高速公路（通化—梅河口段）PPP 模式项目、长春新区东北亚国际物流港项目、长春市地下综合管廊南部新城乙六路、长春市八一公园建设工程项目、吉林市地下综合管廊项目、四平市海绵城市建设 PPP 模式项目、通化市地下综合管廊及道路改造 PPP 模式项目、白山市老旧小区及弃管楼节能宜居（城市风貌设计及改造）项目、白山市地下管廊工程、长白山旅游轨道交通 PPP 模式项目、公主岭市水务一体化项目、大岭汽车物流产业园区东风大街（兴岭路—新凯河）道路工程、公主岭市 2016 年老旧小区综合改造工程 PPP 模式项目。

（十）组织吉林省 PPP 模式咨询服务机构库、专家库建设以及人才培育

吉林省利用智力资源，加强宣传引导。吉林省财政厅负责组织、完善吉林省 PPP 专家库，积极与相关咨询机构和专家进行探讨，对项目实施过程中的问题进行分析，寻求解决方案，提高项目质量。吉林省着力加强 PPP 模式实施能力建设和人才队伍建设，继续做好全省 PPP 模式相关人员的业务培训，通过学习 PPP 模式的工作理念和方法以及流程和政策，进一步提高业务水平，同时进一步优化培训内容，开展实操性、针对性更强的培训。加强中介管理，完善省级 PPP 咨询服务机构库、PPP 模式专家库，完善双库管理机制，提高咨询机构、专家的规范意识，各项工作主动接受社会各界监督。举办 PPP 模式业务培训，吉林省政府邀请财政部、知名咨询机构专家讲解 PPP 模式业务知识、政策体系和操作实务等内容，收集编写国家和各省 PPP 模式项目典型案例并印发学习，通过多种形式提高吉林省各地 PPP 模式业务能力。

（十一）确定吉林省 PPP 模式操作流程

吉林省 PPP 模式操作流程如下。

1. 适用范围

在基础设施和公共服务等领域中推广并运用 PPP 模式。

2. 运作形式

在项目中经常采用的运作形式包括建设—经营—转移（BOT）、在 BOT 基础上的建设—持有—经营—转移（BOOT）、在 BOT 基础上的规划—建设—融资—经营—转移（DBFOT）。

3. 操作流程

一是识别发起 PPP 模式项目。PPP 模式项目由政府或社会资本发起,以政府发起为主。有关行业主管部门可根据综合性、专项性等要求,在各类规划新建或存量公共资产中遴选潜在的 PPP 模式项目,社会资本可以项目申请书的方式向行业主管部门推荐潜在的 PPP 模式项目。

二是纳入 PPP 模式项目库。各级发改、财政部门要建立健全投资项目在线审批监管平台,充分利用财政部 PPP 综合信息平台,推进 PPP 模式项目库数据信息互联互通,建立本地统一、共享的 PPP 模式项目库。各级发改、财政部门要严格项目入库标准,加强项目审核,并且及时填报入库项目、更新项目信息,做好各个方面的工作。项目的入库信息会成为安排政府投资、确定与调整价格、申报示范项目、享受资金支持等政策的重要参考。

三是列入年度计划。项目库中的 PPP 模式项目要实行动态管理并滚动实施、分批推进。当年推进的项目要列入本地、本部门 PPP 模式项目年度实施计划。统筹安排政府资金、资产等各类公共资源与社会资本开展合作,建立 PPP 模式项目与资源动态平衡机制。

4. 实施机构的选择

属于年度实施计划的项目应当按照所属行业的特征和项目的性质选择实施机构,进行项目准备和实施工作。地方项目从同级政府、指定的有关职能部门或事业单位中选择项目实施机构,省政府直属项目由行业主管部门或其委托的相关事业单位作为 PPP 模式项目实施机构。在 PPP 模式项目的投资方面,政府采取资本金注入方式,而且要明确政府出资人的代表以及参与项目准备与实施工作的方式。

5. 项目立项程序

需履行建设项目审批程序的 PPP 模式项目，在编制 PPP 模式项目实施方案前，应按建设项目有关规定完成立项程序（可行性研究报告审批、核准或备案）。在批复或核准项目的有关报告时，明确规定可以根据社会资本方选择结果依法变更项目法人。

6. 项目实施方案的编制

属于年度实施计划的项目应编制 PPP 模式项目实施方案。项目的实施方案应该由实施机构自发组织或委托专业机构编制，方案的内容应该包含项目概况、运作方式、合同结构与主要内容、风险分担、保障与监管措施等。新建项目实施方案应附带项目产出说明。

在编制实施方案的过程中，要着重关注潜在社会资本方的见解，进而合理预期收益，而合理预期收益要以市场的投资回报机制为主要依据。如果项目中存在向使用者收取费用的情况，需要从价格主管部门取得相应的证明。

7. 开展物有所值评价

实施方案编制后，实施机构要组织专家或委托第三方咨询机构对项目实施方案进行物有所值评价，并形成书面评价报告。没有通过评价的 PPP 模式项目，要调整实施方案后再次进行评价，再次评价依然没有通过的，不再采用 PPP 模式推进。通过物有所值评价的项目，由同级财政部门对物有所值评价报告进行审核，并出具书面审核意见。如需委托第三方咨询机构开展物有所值评价，则受委托机构与参与实施方案编制的咨询机构不能为同一单位，也不能为其母、子公司或相互持有股份。

8. 审查 PPP 模式项目实施方案

物有所值评价结果经财政部门审核通过后，在遵守"多评合一，统一评审"要求的前提下，行业主管部门及相关行政部门负责共同审查项目实施方案，并出具审查意见。没有通过审查的方案调整后可以再次提交审查；再次审查后依旧没有通过的不能使用 PPP 模式推进。调整后的实施方案如造成物有所值评价结果改变的，应对实施方案重新进行物有所值评价。通过审查后，由行业主管部门负责向同级政府提出申请，经过同意后才能进行接下来的工作。

9. 开展财政承受能力论证

通过实施方案审查的 PPP 模式项目，报同级财政部门开展财政承受能力论证，并出具书面论证报告。如有需要，同级财政部门可聘请专家或第三方咨询机构协助开展相关工作。未通过财政承受能力论证的，不采用 PPP 模式推进。

10. 编制合同草案

PPP 模式项目通过物有所值评价且完成实施方案审查和财政承受能力论证后，实施机构负责制作项目合同草案。项目合同应明确服务标准、价格管理、收益方式、风险分担、履约监督、信息披露等内容，具体内容可以参考国家发展改革委印发的《政府和社会资本合作项目通用合同指南》和财政部印发的《PPP 项目合同指南（试行）》，其中包含 PPP 模式项目涉及的工程、设备或者服务等，参考《中华人民共和国政府采购法》决定项目合作对象，并且合作方参考相关法律有权自主决定是否进行生产等活动。根据相关的法律法规，政府不能亲自或指定第三方进行回购，也不能设置变相将应该由社会资本承担的债务和风险转嫁给政府的条款。合同草案完成后，提交行业主管部门、财政部门、法制部门等相关职能部门进行审核，并出具书面审核意见。

11. 挑选社会资本

实施机构要按照《中华人民共和国招标投标法》和《中华人民共和国政府采购法》的规定,通过各种招标方式,选择能力强、经验丰富、信用好的优秀社会资本方作为合作伙伴。其中,社会资本方负责工程项目建设有关的工作,有权决定建设、生产或服务等方面的工作,涉及工程建设、设备采购或服务外包,按照招标、投标相关法律法规,可以不进行招标。政府按照"要以正确客观的思想和态度对待民间资本和外商投资"的要求选择社会资本方并对其进行评价,也要及时公布政府的选择结果以及申诉的渠道和方式。实施机构负责组织项目的谈判小组,并且按照需要可以请外部的专业机构提供帮助。谈判小组根据一定标准对社会资本进行排序,按照排序与社会资本方进行谈判,并选择最先达成一致的社会资本方。项目实施机构应与该社会资本方共同编制谈判备忘录。根据信息公开的有关规定,向社会公示确定的合同文本及相关内容,公示期不少于 7 个工作日。

12. 签订项目合同

公示期满且没有任何不同见解的,应该由项目实施机构和选定的社会资本方共同签署正式的 PPP 模式项目合同。如果 PPP 模式项目合同核心条款与实施方案核心内容发生重大变更,需要向同级政府报告且得到认可的,由行业主管部门负责向同级政府报告,得到认可后才能开展下一步工作。有设立项目公司需求的,在设立项目公司之后,实施机构与公司共同签订 PPP 模式项目合同。

13. 设立项目公司

根据我国法律法规,社会资本方有权设立项目公司,假如政府选择以出资人方式参与项目,项目公司的创立者即为政府出资人代表与社会资本方。设立项目公司时,要遵守合同相关规定。

在项目公司中，政府出资人代表不进行控股。

16. 变更项目法人

PPP 模式项目法人确定后，出现与审批、核准、备案中记载的法人不相同的情况时，要依法办理相关手续，变更项目法人。

15. 进行项目融资

项目公司和社会资本方中的一方负责项目的融资。当融资没有满足项目合同要求时，政府可提取履约保函，在必要时，政府可以终止项目合同。项目公司或社会资本方要负责解决工程建设成本、质量方面的风险问题。政府相关部门要根据 PPP 模式项目合同，有效监督项目公司履行项目建设责任。

16. 评价运营绩效

项目合同要明确项目的绩效标准。项目实施机构在遵守项目合同的前提下，与行业主管部门、财政部门共同对项目进行运营，定期进行绩效评价和财务审计。绩效评价和财务审计是给项目公司发放可行性缺口补贴或者发放类似资金的重要参考。项目实施机构与行业主管部门、财政部门自行组织或委托第三方专门机构对项目进行中期评估，从而高效率地了解项目的实施进度，及时发现问题，制定解决方案，进而推动项目实施。

17. 终止项目

如果合作期限内出现重大违约，或者出现项目长时间运营不善，甚至出现危害公共安全和利益的情况，政府要迅速采取对策，遏制危害的蔓延，直到项目能正常运营，为了保障公共安全和利益，政府可以选择其他机构暂时负责项目的运营。如果整改后仍然不能正常运营，则要终止项目，做好后续工作。

合同期满时，实施机构带头组建项目移交工作组，完成移交工作，实施机构不能负责移交工作时，政府可以指定其他机构负责移交工作。移交工作组负责对资产进行评估并进行性能测试，测试要遵守合同约定的移交标准，保证项目未来的运营不受影响。

18. 开展 PPP 模式项目后评价

项目移交之后，政府有关部门有权对 PPP 模式项目经营效率和效果进行详细评价。评价结果应当及时反馈给利益相关方，依法依规公开。

第五章

吉林省推进 PPP 模式存在的问题

一 PPP 模式存在信用风险

（一）政府方面

在吉林省城市基础设施建设和运行过程中，由于公共产品具有前期投入大、回报周期长等特性，无法有效吸引社会资本，而政府在项目中具有三种不同的身份，即投资者、监管者以及运营者，这种多重身份会导致政府职能混淆，影响社会公共事业的发展。PPP 模式是联系政府与私营企业的重要方式，政府与私营企业签订合同后，职能也随之发生变化，政府成为决策者、执法者。在 PPP 模式中，参与双方拥有双重的合作关系，但是政府地位特殊，私营企业地位较低，政府可以约束私营企业合作伙伴的行为。在早期的 PPP 模式中，政府与私营企业在签订合同时缺乏前期的论证与预测，增加了 PPP 模式项目后续进程中的风险。PPP 模式中政府与社会资本签订合同后，形成了"风险共担、利益共享"的合作机制，此机制强调双方以信任为基础，强调在项目持续期间平等合作。因此业界人士把 PPP 模式比作"马拉松"，它需要长期的工作，而不是"百米赛跑"，它不是短期工作。在 PPP 模式项目中，政府具有契约精神非常重要，在期限内保证践行契约精神，对项目的成功实施发挥着重大作用。

城市基础设施的特许经营项目所需的投资大、利润低、投资回报方式单一，政府财政支付是企业主要的投资回报收入，回报期较长，一旦政府财政支付产生问题，企业就会陷入资金链断裂的危机，对于中小型企业来说，出现危机的可能性更大。过去很长一段时间，官本位思想盛行，政府部门大多处于绝对领导地位。从社会资本角度来看，私营企业在与政府合作时，无法摆脱弱势地位，很难保障自身经营权力。政府人员主张企业的责任和义务，往往忽视了企业的盈利要求，用政治需要、行政命令代替发展规律、经济合同，违背了市场规律，没有根据市场经济规律做出决策。在近几年的 PPP 模式项目案例中，吉林省存在政府没有按合同规定履行相应承诺的情况，不仅使社会资本受此影响不愿意参与此类项目，还可能造成严重的经济损失，甚至导致项目终止。比如，在以 BOT 方式收费的某高速公路项目中，政府在项目开始前承诺要以限制竞争方式运营，但是不久之后，又修建了两条收费型高速公路，使之前的高速公路车流量减少了近一半，此项目的投资方要求赔偿，但是政府拒付，否认曾经许下的承诺，双方陷入僵持，对项目的运营和维护也产生了不利影响。政府单方面的改变，会增加另一方的风险。一些地方政府为了降低自身的负债，在基础设施和公共领域推行 PPP 模式，但在长期财政规划中没有包含 PPP 模式项目需要的资金，在项目前期也缺乏论证评估，甚至出现以 PPP 模式项目变相降低负债的情况。目前多数 PPP 模式项目是没有收益或资金缺口大的项目，政府前期缺少对项目的整体规划或地方政府财政不足将造成补贴不到位，私人资本难以收回成本或者持续获得收益，往往会造成经济损失。

（二）社会方面

2014 年，在云南昆明举行的"2015 正和岛新年论坛（云南）"中，著名经济学家吴敬琏在演讲中发表了经济驱动因素正在发生变化，旧常态将发生改革的观点，他在演讲中明确指出野蛮生长赚快钱的日子一去不复返。[①] 但是在过去思想的影响下，一些社会资本以利益输送方式在短期内赚取大量的钱财，PPP 模式项目中也存在此类现象。这种利益输送不同于利益补偿，是以不正当的方式进行的，比如恶意低价中标等，最终导致追加预算，损害公共利益。我国法律还没有就相关情况形成约束，如果在吉林省推广 PPP 模式的过程中出现此类利益输送，会破坏社会的公平公正、损害公共利益，还可能产生跟风现象，对 PPP 模式的发展造成不良影响。

社会资本偏好投资期限短、利益高的项目，很多社会资本更希望投资资本市场、房地产市场或自然垄断行业等收益高的领域。社会资本的投资偏好使它们在投资基础设施领域时，偏好采用 BOT 或者特许经营的方式来赚取利润，不愿意承担建设或者经营中的风险。一些社会资本以低价中标，中标之后反而千方百计提高价格，或者以工期甚至退出为借口谋取更多的利益，使地方政府面临基础设施建设中断的损失，在交涉中处于被动地位，阻碍 PPP 模式的推广，这也是 PPP 模式无法广泛运用的原因之一。

二　PPP 模式法律法规不完善

从吉林省 PPP 模式项目现状来看，有关城市基础设施投资的

---

① 《吴敬琏：企业家应该如何面对新常态》，中国发展门户网，2015 年 1 月 16 日，http://cn.chinagate.cn/news/2015－01/16/content_34578115.htm。

法律法规没有给予社会资本充分的保障。我国有关 PPP 模式的法律条文还不完善，股权转让与特许经营管理条例存在重合，可能发生冲突。在投资收益率方面，我国没有明确的法律或者指导意见，投资者要承担相关的法律风险。而且，法律、中央政府政策法规和地方政府法规之间缺乏一致性，制约了社会资本深入参与 PPP 模式项目。比如，《中华人民共和国招标投标法》是基于工程采购形成的，规定不能对标书上的条款等内容进行实质性修改，在评标以后，也不允许任何谈判和协商，从中可以看出法律降低了灵活性，使 PPP 模式的优势不能得到充分发挥。

吉林省公私合作制缺少相关实用又有时效性的法律法规，在合作过程中，可能会出现政府与社会资本中的一方单方面放弃的情况，这也导致我国 PPP 模式有不少失败的案例。PPP 模式需要公共部门、社会资本、利益相关者三方良性互动才能取得成功，而相关法律法规所提供的制约与保护正是良性互动的基础。法律法规的漏洞可能导致权力滥用、职责不清等损害私营部门权利的情况，或导致公私合作制中断，不利于地方政府公共服务 PPP 模式的可持续发展。

三　PPP 模式政府与市场边界不清

PPP 模式是在公共事业领域运用市场机制，使政府可以和私营部门合作共建公共基础设施。政府扮演的角色从直接提供者变成参与者和监督者，政府不干涉市场，由私营部门负责项目规划、建设等方面的工作，政府不能无理由干预市场。因此在 PPP 模式下，政府要树立市场理念，经过与私营部门的协商讨论，就不同阶段各自的权利与义务在合同中达成一致意见，并按照合同规定执行。但是在 PPP 模式项目的运行过程中，有些地方政府可能存在未按合同约定执行某些职能的行为，这种行为被称作"职能越位"。例如，在一些拥有营利性且具有稳定现金流的基础设施建设合作中，政府没有依照合同条款履约，而是在项目建设运营过程中利用各个环节的行政权力过度干涉 PPP 模式项目，对市场在资源配置中的作用产生了消极影响。

四 PPP 模式项目审批和退出机制不健全

PPP 模式项目往往要经过烦琐又耗时的许可和审批程序才能最终设立，并且审批过程还涉及多层级政府部门，因此需要社会资本与多个政府部门进行交涉、谈判。政府部门的办事效率不理想，加上时常存在的不确定因素都会对审批程序产生不利影响。各层级政府部门的审批规则和申报要求也存在不一致，影响审批效率，因此社会资本需花费大量的时间和精力用于 PPP 模式项目审批，降低了社会资本参与的积极性。2014 年，财政部发布了《关于推广运用政府和社会资本合作模式有关问题的通知》，规定由地方各级财政部门与行业主管部门共同制作合同，重点关注项目功能和绩效条件、付款和调整机制、争议解决程序、退出安排等关键环节，双方共同明确合同内容。2014 年末，财政部又发布了《关于规范政府和社会资本合作合同管理工作的通知》，着重强调了合同内容和合同执行要具有灵活性，并要求制定期限变更、内容变更、主体变更的灵活调整机制，为期限为 20～30 年的合同留下调整和变更的空间。尽管相关文件已经尽力要求 PPP 模式项目合同审批的快捷性和内容的灵活性，但是实际执行的时候仍然存在效率不高、程序过多、进程太慢、合同内容不够灵活的问题。

国家规定 PPP 模式项目的合同协议应包含社会资本方的退出机制，并规定了退出机制对双方的要求，这是组成 PPP 合同管理和文本的重要内容，也是 PPP 模式运行的关键环节之一。吉林省 PPP 模式项目的退出要经过严格的审批，花费的时间长、相关制度不完善、对社会资本方的权益保护不足，社会资本方很难顺利退出 PPP 模式项目，对 PPP 模式项目参与者合理的资源配置和可持续发展产生不利影响。不少企业反映，目前合同中缺少合同执行过程中社会资本方的合理退出机制。在实际情况中，社会资本方退出时，政府有时会阻碍项目公司变更股权，退出的审批过程比较严格，审批时间长。PPP 模式项目发生经营不善等问题时，社会资本方将由于退出机制不健全，无法正常退出，导致权利受损，这也是社会资本不敢轻易进入 PPP 模式项目的原因之一。

五　PPP 模式社会资本融资困难

从 PPP 模式项目实施的现状中可以看出，PPP 模式项目参与企业多数是国有企业，民营企业大多不愿意参与 PPP 模式项目，原因有以下几点。第一，PPP 模式项目的投资金额较大、周期较长，国有企业的资金实力雄厚，有能力承担较大的风险，民营企业因为资金有限，所以很少参与。第二，和其他的投资主体相比，民营企业在融资方面存在不足，比如融资渠道狭窄、规模较小等，因此在基础设施建设中处于劣势，融资难度大会打击民营企业对基础设施和公共事业投资的热情。第三，PPP 模式项目的盈利较少，而社会资本更倾向于实现自我增值，会偏向于盈利多的项目，这会导致资金进入盈利较多的领域。PPP 模式项目前期需要巨额投资，但收益比较低、回收期长，较难吸引民营企业。第四，地方政府重视社会资本引入，而缺少社会资本退出机制，没有充分利用资产证券化工具，民营企业很难在需要时退出，因此民营企业的响应热情较低。

民营企业因为自身的资金有限，很难满足 PPP 模式项目较大的投资需求，所以需要通过各种渠道筹集资金满足 PPP 模式项目的资金需求。现存的金融体系不利于民营企业融资，它们能够得到的保障较少，融资管控较严、融资限制较多，所以民营企业参与 PPP 模式项目的融资渠道比较单一，主要通过银行进行融资。然而，相对于国有企业，民营企业要得到银行贷款存在更多的限制和阻碍，包括更加苛刻的融资条件和较低的待遇，能够融到的资金有限，却要承担更高的成本和更大的风险。在融资信用和担保方面，民营企业显然无法与实力雄厚的国有企业相比，信用担保能力不足，因此民营企业在银行获得贷款的难度较大。另外，对于民营企业来说，资本市场融资难度也较大，缺乏相应的 PPP 模式项目融资对接机制。在发行股票、债券融资等方面，由于缺乏政府的相关政策支持，民营企业也很难通过股票、债券等融资方式取得项目所需要的资金。

吉林省的基础设施和公共事业领域的 PPP 模式项目也具有投资规模大、回收期长的特点，PPP 模式项目所需的中长期融资较多。但在利率市场化的背景下，金融机构想要避免中长期投资所带来的风险，因此对中长期投资的关注度不高，对 PPP 模式项目长期融资重视不足。虽然在政府引导下，金融机构对 PPP 模式项目参与意愿有所增强，但是面对 PPP 模式项目风险大、回收期长等问题，实际的融资意愿不强，民营企业获得中长期融资的难度较高，因此项目的融资问题就更加突出了。

六 PPP 模式定价和收益机制不完善

目前吉林省某些 PPP 模式项目的运营期限远短于国际标准，且政府的付费方式增加了项目成本和政府财政负担，违背了实施 PPP 模式的初衷，同时价格和投资报酬率难以确定，政府无法平衡公众期望和吸引投资，最终导致项目的失败，原因有两个方面。第一，多数基础设施的定价机制还不完善，公共事业领域也是如此。经营性、非经营性 PPP 模式项目的付费模式区别比较大，因此要建立不同付费模式所对应的不同付费机制及投资回报率。第二，缺乏对价格进行调整的相关机制。因为 PPP 模式项目周期长，市场环境波动可能会导致项目成本和收益波动，对于倾向于平稳收益的社会资本来说，PPP 模式项目的利益具有较强的不确定性，因此社会资本参与 PPP 模式项目的积极性不会很高。

七 PPP 模式项目监管机制不健全

政府和社会资本是 PPP 模式主要的投资主体，私人资本是社会资本的主要资金来源。私人资本的存在主要是为了营利，在运营时，私人资本会更多关注自身利益，比如降低成本和投资额、增加收益等，而不会重点关注社会效益。因此，必须针对私人资本建立完善的监督体系，这对公共产品市场化运营和 PPP 模式的发展非常重要。

公共产品难以完全依靠市场运作，主要还是由政府相关部门负责，PPP 模式项目因此容易受政策和行政管制影响。在较长的项目周期中，政府政策一旦发生变动，PPP 模式项目将面临不可预计的风险，项目的运营也将受到阻碍，产生不利的影响，甚至可能给私人资本造成经济损失。在这种情况下，政府应做出相应的赔偿，出台相关的补偿政策，保护私人资本权益。因此在 PPP 模式项目的设立和运营中，监督和协调是必要的。如果没有完善的监督监管体制，就无法很好地规范政府行为，保护私营投资者的权益。

现阶段，吉林省 PPP 模式项目的监管体系还不是很成熟，规制能力也需要提高。政府不仅是参与主体，也是监管者，在吉林省 PPP 模式的应用过程中，还存在社会资本方的建设和运营能力不强，而政府对社会资本方的监管效果不佳的情况，这不仅损害公众的利益，也对 PPP 模式产生不良的影响，"扭曲"社会对 PPP 模式的认知，妨碍 PPP 模式的健康发展。

八　PPP 模式风险分担原则和机制不完善

PPP 模式会出现风险分担不均衡的情况，原因有两方面。一是 PPP 模式项目从设立到实施，会面临很多不确定性因素，产生多种风险，风险到底应该由谁承担不好划分。二是我国还没有建立风险共担制度，因此社会资本因为 PPP 模式项目风险较大，投资意愿较低。

PPP 模式项目面临政策、技术、财务等方面的风险。在 PPP 模式项目中，政府部门和私营部门出发点不一样，政府部门偏向于维护公共利益；而私营部门则偏向于获得经济利益，获取投资回报。因此在 PPP 协议和合同中，权利与义务应当一一对应，建立合理的风险分担制度，尽可能合理地分担风险，使政府部门和私营部门承担的风险不会失衡。一旦一方承担的风险多，而另一方承担的风险较少，很可能对项目造成消极影响。一般而言，政府部门要承担政策性风险，比如法律风险、政治风险等；而私营部门则要承担财务风险、运营风险以及技术风险。PPP 模式项目和一般项目相似，会存在系统性风险和临时性风险，吉林省 PPP 模式项目中的此类风险与其他省市相比更加复杂。PPP 模式项目风险预测的难度可能会因为政策法规的调整而增加。有些 PPP 模式项目在事前没有对风险进行充分评估，并且缺少风险管理的经验，政府与社会资本方的权利义务边界缺乏科学的界定，相关的责任也没有划分清楚，很容易造成 PPP 模式项目失败。吉林省还没有成熟的 PPP 模式项目操作系统，也没有建立有效的风险共担机制。政府有时为提高业绩或者吸引资金，会做出超出限度的承诺，或出现相反的情况，即政府会先达成协议，签订 PPP 模式项目合同，再利用其地位优势，将风险和责任等全部转嫁给私营企业，让社会资本代替政府承担风险。

九 PPP 模式形成新一轮的政府负债

按最宽口径估算，2014 年末，中国整体债务占 GDP 的比重低于 40%，其中地方债要多于国债，国债规模大约是 10 万亿元，地方债规模为 12 万亿～13 万亿元。① 没有国务院的许可，地方政府无权发放债券，经批准后可以发放的额度也只有 1 万亿元。但是，地方融资平台以企业债形式存在的债务，地方政府也有偿还的义务，因此地方政府债务规模远大于地方政府发放的债券规模。为了加强对地方债的管理，实现国民经济的可持续发展，根据党

---

① 楼继伟：《中国的总体债务规模可控》，《北大商业评论》2015 年第 6 期。

的十八大和党的十八届三中全会的精神，国务院发布了《国务院关于加强地方政府性债务管理的意见》，在建立规范的地方政府举债融资机制的同时，该意见还提出给予地方政府一些权力，让地方政府能够依法适度举债、建立地方政府举债融资的相关规范、推广使用政府和社会资本合作模式、加强政府债务监管。该意见还强调，对地方政府债务要严格控制，并且要对地方政府举债程序和资金用途进行限制，把地方政府债务分类纳入全口径预算管理。

当前，地方政府债务压力大，同时大规模基础设施建设资金缺口大。国家发展改革委和财政部发布并推广 PPP 模式，地方政府把 PPP 模式作为一种新的融资方法，也当作一种减轻债务压力的方式。在这样的观念下，地方政府应用 PPP 模式就带有一定的盲目性，并没有考虑收益与风险是否匹配等问题，盲目地选择 PPP 模式进行建设投资，这有可能给地方政府带来更大的债务危机。有的地方政府会许诺高额的收益、报酬或补贴，PPP 模式项目对外称为社会资本投资，但实质是一种债务，有的地方政府甚至会采取"兜底"政策，这样会让地方政府产生新的负债。吉林省也存在同样的情况。由于 PPP 模式项目准备时间长、进程慢，不能很好满足政府的融资需求，吉林省政府只把 PPP 模式项目当作争取资金的机会，没有真正认识该模式的本质，也没能利用 PPP 模式的发展产生实质性的效益。

十　PPP 模式专业人才匮乏

近几年，吉林省的经济发展速度较快，PPP 模式项目的数量明显增加、规模明显扩大。PPP 模式项目往往以特许经营权来实现融资，需要不同种类、不同环节的工作配合运行，因此政府需要制定科学和标准的 PPP 模式运作流程。而 PPP 模式作为一种新的公共基础设施建设模式，需要具有相关知识以及实际操作经验的人才，但在吉林省 PPP 模式发展过程中，项目相关人员经验不足和知识不足的情况非常突出。人才需求和供给不均衡会对 PPP 模式项目的实施和运行产生不利影响，有些项目可能因为没有专业人员的指导，产生操作不规范等问题。在 PPP 模式中，政府、社会资本、中介机构三方都需要不同类型的人才，如果没有专业人才对项目的建设进行管理，就会影响项目的质量和后期经营。一些政府部门在没有充分了解国家规定的 PPP 模式奖补和扶持政策的情况下，就大面积推广 PPP 模式项目，不可避免地会吸引管理经验不足、职业素质不高、专业能力较低的合作者，再加上存在一些有侥幸心理的社会资本合作者，这可能会直接导致 PPP 模式项目失败，使 PPP 模式无法适应新常态下经济发展的需求。

第六章

吉林省推进 PPP 模式的对策分析

一 在政府与社会资本之间建立信任关系

（一）明确政府与社会资本各自责任

PPP 模式项目投资需求大、建设周期长，应合理划分政府与社会资本的责任与风险，保障各自的合法权益。PPP 模式以社会资本建设为主，由社会资本负责项目的设计、维护等，并承担与之对应的风险和责任。政府在项目中是参与者和监督者，不能越界干预社会资本的建设与运营。因此，政府在 PPP 模式中要遵循市场规律，主要承担合作者、调控者和监督者的责任。政府的主要职责包括做好 PPP 模式项目的整体规划，明确项目类型等；建立价格调整机制，根据项目情况、公众的满意度调整价格；对工程建设承担监督责任，保护公众利益。社会资本的主要职责包括做好建设计划，按计划完成项目；保证工程质量，依照合同保质保量完成项目建设与运营；与政府保持沟通，接受政府与公众监督。

（二）强化契约精神，建立相关制度

重视和强化契约精神，在社会资本获得有关工程项目的资格后，政府相关部门要与其签订合同协议。如果社会资本的工程建设没有按照约定期限完成或者工程质量没有达标，政府部门需要对社会资本进行相应处罚，追究其责任，并对社会公众进行公布。政府的契约精神和法律意识是社会资本愿意参与 PPP 模式项目的基础之一。政府与社会资本签订的合同协议能否得到严格执行、政府的承诺能否兑现都是社会资本参与 PPP 模式项目时考量的因素。一些地方政府为加速公共基础设施建设，不顾当地实际情况与社会资本签订项目合同，最后造成政府履约困难，以及社会资本方利益受损。还有一些地方政府为吸引投资者前期做出高额回报承诺，在项目运营后期通过大量补贴来兑现承诺，这种情况不仅会增加政府的财务压力，也会对 PPP 模式的可持续发展造成不利影响。在项目规划阶段，政府应该做好充分调查和准备，避免做出超出自身兑现极限的承诺。在项目建设和运营过程中，如果确实是政府部门的原因造成了损失，政府部门应该主动赔偿。建立契约制度，规定政府所要承担的责任以及违反约定的判定依据，并且规定不同等级的违约惩罚，对政府人员起到监督和约束作用。政府部门应把相关的违约行为纳入年度工作考核当中，并且定期公布项目的执行情况，让社会公众对项目进行监督，达到培养政府契约精神的目的。

（三）建立社会信用评级体系和诚信管理体系

政府可以在 PPP 模式项目中建立信用约束机制，约束项目参与双方的行为，避免出现不守承诺的现象，保证 PPP 模式项目持续稳定实施。在构建有效的契约制度的基础上，针对 PPP 模式中

的社会资本建立信用评级体系，用统一的规范衡量和监督与政府合作的社会资本，以降低融资风险，加强对社会资本的约束和监管，避免信用不好的社会资本参与 PPP 模式项目。建立 PPP 模式信用评级体系来提高合作双方的履约意识。除了建立 PPP 模式信用评级体系以确保政府与社会资本诚实守信及建立良好合作关系，为迎合 PPP 模式应用新常态，社会资本与政府可以以双方合作建设项目为核心，构建"谁受益、谁管理"的诚信管理体系，继而提高二者履约意识。政府应鼓励并引导发展第三方诚信监管机构，由第三方诚信监管机构评价政府及社会资本的诚信程度，建立适合 PPP 模式的诚信评价体系。为使第三方诚信监管机构发展，需赋予该机构更多监管职权，如对社会资本与政府履行合同情况进行实时监管，并将违反诚信的行为记录在册，提高诚信管理体系的效用和综合质量。

二 加强法律制度建设

（一）健全 PPP 模式项目法律法规体系

以国家相关政策制度为指导，为 PPP 模式项目的实施提供相关的法律依据。加快出台基础设施和公用事业特许经营及政府和社会资本合作等相关的法律法规。同时，应完善《中华人民共和国土地管理法》及《中华人民共和国招标投标法》，使其能更好地为 PPP 模式项目提供法律依据，保障 PPP 模式项目参与方的权益。出台的 PPP 模式法律体系应当包含 PPP 模式的应用范围，合同框架，双方权利、义务、责任，资本进入和退出机制，立项、招标流程和标准，PPP 模式项目操作流程，PPP 模式项目投融资相关规定，风险分担原则等。此外，还应该包含纠纷调整机制以及调整政府行为的法律体系，减少矛盾解决的成本，防止政府滥用权力，保障社会资本方的合法权益。

（二）探索出台相关配套实施细则

相关配套政策主要可以从以下三个方面入手。第一，探索制定与 PPP 模式项目政府审批工作有关的具体实施细则，在遵守相关程序、经过科学论证的基础上，加快项目选址、环境评测、项目审批等前期工作的进程。第二，探索制定 PPP 模式项目遴选工作及评价工作的具体实施细则，保证政府部门发起项目及社会资本发起项目的渠道畅通。第三，对项目实施过程中的经营、监管、退出等进行规范，制定相关管理办法，为社会资本退出提供渠道。

（三）发挥政府政策辅助作用

在相关法律框架下，建立完整的 PPP 模式政策体系，包含财政、融资等各个领域与环节，加强政府部门之间的相互配合。在这个过程中要注意两个方面：一是要根据国家法律法规，调整改善吉林省地方政策，保证政策与法规一致；二是由于法律具有滞后性，需要在应用过程中进行调整完善，在法律对有关问题做出规定之前，相关政策要能够帮助解决 PPP 模式发展过程中不断出现的新问题。

三 优化 PPP 模式项目审批流程与退出机制

在吉林省 PPP 模式项目中，社会资本参与项目的审批程序复杂，花费的时间很长，导致社会资本方投资意愿不强，从而错过很多合作机会。为了防止类似情形发生，本书提出了以下几个方面的措施。

（一）建立宽松透明的市场准入机制

政府在进行基础设施建设投标和招标时，要遵守透明公开的原则，维护信息的时效性、降低程序的复杂性，适当减少政策的限制，以恰当的方式考虑参与各方在专业技能等方面的优势和劣势，如果满足相关的要求，应允许社会资本参与 PPP 模式项目，以此来选择合作方。政府要放宽社会资本进入约束，降低私营部门参与基础设施项目的难度，制定并公布扶持政策，打造良好的准入氛围。发挥政府在营造公平诚信市场环境中的导向作用，给予各类投资主体公平竞争机会。在选择社会资本方时，合理设定招标资格和评标标准，不得以不合理的采购条件、过高或无关的资格要求、过高的保证金等对民营资本设置差别条款和歧视性条款。积极探索在 PPP 模式项目中发展混合所有制，鼓励有实力的民营企业与国有企业、基金、银行等通过组成联合体等方式共同参与 PPP 模式项目。建立合理的投资回报机制，积极探索优化 PPP 模式项目的多种付费模式，在项目的实施中以资本金注入、资本投资、项目补贴以及报销贷款利息等方式对项目提供支持，增加社会资本投资回报，提高项目吸引力。

（二）制定标准的项目审批程序

和传统模式相比，PPP 模式要求政府转变职能，从主导者转变为参与者、监督者，改进管理方式，加强对项目的监督和指导。根据市场需要对审批程序进行改善，这是吸引和鼓励社会资本参与 PPP 模式项目的必要手段。因此，吉林省政府要构建一套 PPP 模式项目的专项审批流程，这有助于提高 PPP 模式项目的管理效率；还要简化审批流程，进而提升社会资本的参与意愿。政府的相关部门应该构建 PPP 模式项目的审批和操作流程，各地方政府应该以这个流程为蓝本，标准流程应该从项目经济状况、投资效益指标等方面确定项目是否合理可行。标准流程建立后，每个 PPP 模式项目都要按照标准流程执行，没有按照这个流程审批的项目不予批准。

（三）设立并完善退出机制

设立产权交易平台。依靠产权和股权市场，提供产权交易的平台和渠道，进而保障社会资本在满足要求时能够退出项目。

1. 建立相关的补偿机制

由客观因素导致合同终止、重要指标长期没有达到规定标准或政府存在违反合同的情况，在这三种情况下社会资本可以选择退出项目，政府应该按照公允价值对退出者进行补偿。

2. 构建临时接管机制

一方参与者要求退出项目时，项目的主管和实施部门要制定相关的退出方案，负责临时接管工作，以免出现项目运行停滞的情况，维护公众利益。

3. 构建项目退出机制

构建与 PPP 模式项目相关的产权和股权系统，为产权和股权的流通提高便利性，这样有助于社会资本通过股份转让合理退出项目。

同时，进一步完善 PPP 模式项目退出机制，通过资产证券化等方式激励成熟的 PPP 模式项目进入资本市场，使 PPP 模式项目与国内的融资市场进行对接。政府应该设立与项目相关的产权和股权交易实施细则，为项目的股权增加交易的机会和场所，使项目的参与者能够通过股权和债券交易退出项目。

四　提高社会资本参与 PPP 模式项目积极性

（一）创新融资手段，拓宽融资渠道

现阶段，吉林省 PPP 模式项目的融资方式和渠道较为单一，而对于社会资本来讲，融资渠道单一的问题更为明显，其在融资过程中面临诸多阻碍。如果不能有效解决融资问题，将会影响项目顺利开展。所以，要运用合理有效的方法发展更加多元化的针对 PPP 模式项目的融资手段，开发新的融资方式，制定符合吉林省实际情况且能有针对性地解决融资问题的措施。针对现有情况，可以选择从以下几个角度入手。第一，为社会资本提供更宽松的贷款条件，降低融资成本，激励各类银行对 PPP 模式项目提供一定的优惠条件。第二，放宽对养老保险、社会保险、住房公积金等投资 PPP 模式项目的限制，激励相关资金流入基础设施建设项目，为建设 PPP 模式项目提供支持，同时为了规避资金风险，可以为 PPP 模式项目设立专门的担保基金。第三，为了更有效地刺激 PPP 模式项目的活力，要合理充分地借力资本市场，通过 PPP 模式项目资产证券化将 PPP 模式项目和资本市场结合，同时要加强顶层设计，使有关资产证券化的政策支持体系更加完善。第四，加快制定相关鼓励政策，激励金融机构为 PPP 模式项目发展提供新的金融工具。在拓展 PPP 模式项目融资手段时，要注意各种新的金融工具、政策可能给金融市场带来的风险，因此也要加大相应的金融监管力度，维护金融市场的稳定，防止金融市场的风险对 PPP 模式项目的融资造成影响。第五，为了充分调动社会资本的积极性，吉林省各地应根据各自的实际情况，研究新的融资机制，运用多种融资模式，如土地复耕指标抵押变现、融资租赁等，激发资本活力，加快各地 PPP 模式发展。

（二）政府引导与扶持

在现阶段的经济大环境下，为了提高金融机构和民营企业参与 PPP 模式项目的意愿，要加强政府部门的引导与扶持。第一，在融资上民营企业需要政府提供一定的政策性支持才能取得与国有企业相对等的融资机会；针对投资 PPP 模式项目的民营企业，政府应提供合理的财政补贴或者在民营企业融资过程中为其提供担保等，以提升民营企业的融资能力；对银行采取激励措施，提高其对 PPP 模式项目发放贷款的积极性，同时推进银行建设服务于社会资本的金融体系，为社会资本提供融资协调等服务。第二，政府部门可以针对不同类型的 PPP 模式项目设立基金或扩大基金规模，以此消除社会资本的顾虑，增强其对项目的信心，进而引导更多的社会资本参与 PPP 模式项目。第三，各级政府部门在条件基本相同的情况下应给予社会资本更多的机会。在金融机构的信用评价方面，也要尽量减少民营企业和国有企业因企业体制差异而产生的信贷差距。第四，政府部门可以在融资以外的方面，如税收、土地等，给予民营企业适当的优惠政策，这样可以使社会资本对项目投资产生更为强烈的兴趣。第五，地方政府应充分利用财政杠杆的作用，通过建立相关项目专项基金，利用财政资金吸引大量社会资本投入 PPP 模式项目。第六，政府部门需要加大 PPP 模式的宣传力度，面向社会普及 PPP 模式的实质及价值，进而调动社会资本参与项目的积极性。

（三）建设创新型融资平台

要保证 PPP 模式项目的顺利进行，吉林省政府部门可以搭建新的融资平台，并结合各级政府的实际情况扩大融资范围、开拓

新的融资渠道，吸引社会资本及政策性资金以外的其他资本参与
PPP 模式项目，有效降低融资成本，调整项目债务结构。互联网金
融模式中的 P2G 就是一种较为合适的类型，"PPP + P2G"是解决
PPP 模式项目融资问题的一种有效模式。P2G 将 PPP 模式项目作
为产品，用 PPP 模式项目固有的收益稳定、风险低、流程规范透
明等特点吸引 P2G 平台中的高风险投资资本。也就是说"PPP +
P2G"模式不仅可以为 PPP 模式项目解决融资问题，还可以对互联
网金融的风险问题进行调控。

社会资本较为分散，有能力独立参与 PPP 模式项目的民营企
业实为少数，政府部门可以搭建一个能起到整合作用的平台，支
持民营企业以"抱团"的方式参与 PPP 模式项目，使社会资本不
敢、不愿、不能参与 PPP 模式项目的问题得到解决，进而为 PPP
模式项目提供更多的融资方式、扩大融资规模。

五　推进 PPP 模式项目定价和收益机制改革

公共产品的定价受到民众、投资方、政府部门的共同关注。
目前各方对于应选择哪种定价方式仍存在一些分歧。定价的关键
在于最终价格必须得到各方认可，也就是说，在最终定价水平下，
投资方和运营方能取得较合理的收益，民众对这一价格水平下的
服务感到满意。如果政府部门有意为民众提供低于公允价格的市
政设施服务或产品，则政府部门必须为项目参与各方提供相应的
补贴，以弥补因公允价格和实际定价之间的差异而给投资方和运
营方带来的经济损失。此外，政府部门有义务加强对定价机制的
监管，以避免消费者承担因项目运营方自身经营管理问题而增加
的成本，规范运营方的生产及定价流程，并对产品的质量严格

把关。

（一）优化 PPP 模式项目的成本结构

社会资本在投资项目时必然会考虑投资项目的成本，在项目投资成本较大的情况下，即使项目有可观的回报，社会资本投资方也可能在综合考虑后放弃投资。因此，对 PPP 模式项目的投资成本结构进行合理调整，有助于降低社会资本的投资成本，减轻社会资本进行大规模投资的资金负担，进而间接提高社会资本的收益。降低 PPP 模式项目的投资成本，可从以下两个方面着手：第一，在 PPP 模式项目建设的起步阶段，合理规避风险、节约项目预算、加大施工过程中的监管力度等；第二，在 PPP 模式项目经营过程中，尝试运用新的科技手段，改善自身管理方式等方法，以达到节约管理成本及相关费用的目的。具体改进方法参考以下两种。

1. 将规模较大的 PPP 模式项目化整为零

需要大量建设资金、建设周期较长的非经营性或准经营性 PPP 模式项目，作为单一项目运营，很难在经营期间收回建设成本，因此，可以将此类 PPP 模式项目进行分割，使其变成若干小项目进行招标，这样投资方就不需要在建设过程中进行一次性大规模投资，可以缓解社会资本的投资压力，提高此类项目的可行性。这种分解方式已有先例，北京地铁四号线项目的成功经验就值得借鉴，北京地铁四号线项目建设过程分为两个部分，即以拆迁和轨道车站建设为主体的基建部分以及车辆等机电设施的采买安装部分，基建部分由京投公司的子公司四号线公司投入 107 亿元完成，投资规模达到总投资的 70%；采买安装部分总投入资金为 46 亿元，投资规模达到总投资的 30%。北京地铁四号线项目通过分割大规模项目的方式，降低了参与项目的社会资本香港地铁有限公司的投资成本，提高了项目的可行性。

2. 将规模较小的 PPP 模式项目整合运作

PPP 模式项目本身的收益回报期较长，投资规模过小的单个小项目对社会资本几乎没有吸引力，就单个项目而言，其本身的利益回报有限，有意投资的企业可能会在其他方面向政府要求一定的优惠政策或财政补贴。因此，为了提高这些小规模 PPP 模式项目的可行性，政府部门可以将一系列小规模 PPP 模式项目整合打包进行招标，这样既能保证社会资本的投资回报，又能降低单位投资成本。在我国，项目的规模越大，社会资本的投资意愿越强烈，而污水处理这类项目的规模普遍较小且较为分散，因此有些地方政府将较为分散的小规模污水处理项目进行打包处理，如深圳市龙岗区的 10 个污水处理项目打包整合为一个项目向社会资本进行招标；海南省政府将分散在省内的 16 个污水处理项目分别打包成 2 个较大规模的 PPP 模式项目进行运作。

PPP 模式项目虽然是由政府部门与社会资本合作建设经营的，但是项目的主要目的是提高民众的公共利益，并非使企业经济利益最大化，所以在项目合约签订以及项目运作过程中要时刻明确政府部门在 PPP 模式中的主导地位，企业在这一模式下只发挥辅助作用，配合政府工作，因此为保障民众利益，在项目运作过程中政府要加大对企业的约束，避免企业为了追求利益最大化而损害公众利益。

（二）优化 PPP 模式项目的收益结构

收益是指经济利益流入企业，也包括社会名誉等非货币性收入。政府部门可以依据项目收益的实际组成部分，调整其收益结构，进而提高项目的收益，帮助项目盈利。在政府推出的 PPP 模式项目中，有一部分项目并不以营利为目的，只是为了给公众提供更优质的服务，这类项目无法为投资方带来经济利益，对于这类无法取得收益的项目，较难吸引社会资本产生投资意愿。政府部门为了推动此类 PPP 模式项目的发展，需要从改善盈利模式入手，例如，为非经营性项目的投资方提供补偿，或在项目以外的经营性领域为投资方提供相应的优惠政策，或将此类项目与营利性较强的项目绑定招标，从而让社会资本觉得此类项目有利可图，调动其投资积极性，同时也能更好地推动此类项目发展。2015 年，国家发展改革委、财政部等六个部门共同下发了《基础设施和公用事业特许经营管理办法》。该管理办法明确规定，向用户收费无法满足其特许经营建设、运营成本以及合理收益的项目，政府可以向投资企业发放合理的补偿，这种补偿可以是与特许经营建设有关的延伸开发经营权。该管理办法表明国家为 PPP 模式的应用提供了政策性保障。以下三种方式可以优化 PPP 模式项目的收益结构。

1. 增补项目周边的资源开发权

参与非营利性 PPP 模式项目的企业可能会发生亏损，为了弥补企业亏损，政府部门可以在合理范围内让渡一些 PPP 模式项目周边资源开发权（如土地开发权、旅游开发权等），提高 PPP 模式项目投资方的整体盈利水平。让 PPP 模式项目的投资方感到自身在项目中能取得可观的利润，从而使社会资本的积极性得到充分调动。

2. 授予投资企业以配套服务权

允许投资方提供相应的配套服务，使投资方能够延长盈利期限。PPP 模式项目在基础设施建设完成后即进入经营管理阶段，需要基于基础设施提供相应的配套产品及服务，如商业、教育、医疗、餐饮、安保、物业等，这些产品和服务都是保证项目正常运转的重要组成部分。政府部门完全可以根据实际情况将某项或者某几项产品和服务的独家经营权授予 PPP 模式项目的投资企业，如果有其他企业希望投资相关设施，则要求这些企业为 PPP 模式项目提供资金等。通过这种方法能够丰富项目投资方在项目中的盈利方式，同时也可弥补因 PPP 模式项目主体收益不足而给投资企业带来的亏损。

3. 开发可以增收的配套副产品

参与 PPP 模式项目的企业在进行主体项目的建设时，可以自主开发相配套的有竞争力的副产品，通过副产品的盈利提高整体收入，以此弥补 PPP 模式项目的收益缺口。梅州市公共厕所项目就是应用这种方式的成功案例之一，在梅州市公共厕所项目中，投资企业为政府建设公共厕所，作为回报，当地政府将公共厕所周围的店面、垃圾中转站、办公楼等作为副产品交给投资企业经营，公共厕所没有为投资企业带来利润，但是副产品收入足够弥补主项目的投资和经营费用缺口。

（三）做好项目收费价格管理，建立价格调整机制

运营 PPP 模式项目时，社会资本应以填补成本缺口、确保合理收入、节省社会资源及社会能够负担为出发点，适时调整价格，切忌仅从市场角度度量经济收益。政府部门也需要重视对社会公共投资成本的监管，设立定期审价制度，确保公共产品价格水平平稳，建设科学健全的定价机制。政府部门应与社会资本在考虑建设成本、后续运营费用、预期收益、预计未来用户数量等因素的基础上，共同确定公共产品价格及财政补贴。在项目运营过程

中，也需要实时掌握项目的运营状态及用户的满意程度，根据实际情况适时合理地对公共产品的价格及财政补贴进行调整。

（四）建立相对完善的资金投入回报机制

大多数社会资本参与 PPP 模式项目以确保企业正常运营为前提，以经济利益为主要目的，因此合理的资金回收是必要的。只有当社会资本充分了解资金回报率和期限且明确了投资意图后，才会愿意参与 PPP 模式项目。因此，为了吸引更多的社会资本参与 PPP 模式项目，政府部门需要建立更加健全的资金投入与回报机制。

吉林省大力推广 PPP 模式的应用，并非只为解决政府自身的财政问题、减少债务风险，更深层的目的是通过应用创新合作模式，盘活社会资本，借助社会资本的专业技术及管理经验降低公共事业的投资成本，进而为社会公众提供更多优质的公共产品，使社会资本与政府部门达成双赢的合作关系。PPP 模式可以根据社会资本逐利的特点在特许经营范围内最大限度地调动其积极性，使其合理压缩项目成本。例如，京环集团在参与盘锦市的环卫项目之后，加大了针对垃圾分类政策的宣传力度，并制定了相关的奖励机制，向当地住户发放能代表个人账户的二维码，并就近设立垃圾分类设备，当社区居民按照垃圾分类标准投放后，京环集团会奖励居民相应的积分，居民可以用积分向集团兑换奖品。此举大大减少了环卫公司在回收垃圾过程中的工作量，为集团节省了大量人力物力，大幅度提高了集团的工作效率，同时激发了居民自发进行垃圾分类的热情。

（五）稳定 PPP 模式项目目标利润

社会资本投资的主要动机是追求利润，参与 PPP 模式项目也不例外，社会资本是否选择对政府 PPP 模式项目进行投资，主要取决于 PPP 模式项目能否为投资方带来稳定的长期收益。因此，各级政府部门在 PPP 模式项目推广过程中，要加大宣传力度、运用多种宣传手段使社会资本充分了解 PPP 模式项目，使社会资本意识到 PPP 模式项目能带来长期稳定的经济效益且风险较低，进而消除社会资本的顾虑、增强其实现预期收益的信心。

1. 打包盈亏状况不同的项目

基建类 PPP 模式项目主要划分为三类：经营性项目、准经营性项目及非经营性项目。由于社会资本的逐利性，大部分企业只对经营性项目感兴趣，因为此类项目会产生较大的现金流量，能够尽快回收成本，如果政府部门只就此类项目与民营企业签订合约，就有可能使大量的项目收益流入民营企业。在正常情况下，对准经营性项目或非经营性项目感兴趣的企业较少，因为这两种类型的项目只会产生少量的现金流甚至不产生现金流，如果政府部门仅就这两种项目与企业签订合约，社会资本为了保证整体收益势必会在谈判过程中要求政府给予一定的优惠政策或财政补贴，这样会增加政府部门的财政压力。为了避免上述局面，政府部门可以将经营性项目与非经营性项目和准经营性项目打包进行招标，这样能够有效平衡社会资本在不同类别项目运营过程的利润，有助于吸引更多的社会资本进入准经营性项目和非经营性项目。政府可以将不同地区的同种类项目进行打包处理，如流量不同的两段高速公路；也可以打包不同种类的项目，如海水淡化和水力发电项目。

2. 规定适当的保底使用量

由于 PPP 模式项目普遍具有建设周期长的特点，这就增加了项目实施过程中的不确定性，这种不确定性主要表现在建设成本的收回及运营过程中的用户量两个方面。政府部门可以根据实际情况在合理范围内对相关的 PPP 模式项目设定适当的保底使用量，以此降低投资方的风险，这一措施的本质其实是政府部门分担社会资本投资风险。这种分担机制在污水处理、垃圾处理、交通基础设施建设等项目中应用较为普遍。以污水处理项目为例，在项目实施过程中，投资方会根据合同敲定的预期规模进行项目建设，但项目落成后，短时间内不一定有充足的使用量。这种情况下政府部门可本着风险共担的原则，设立保底使用量，遵循按月付费的原则，保障社会资本基本收益，如果当月的污水处理量较少，社会资本仍能按保底使用量获得收益。

PPP 模式项目主要是基础建设项目，主要目的是改善居民生活环境、优化城市建设。从这一角度出发，说明 PPP 模式项目从本质上来讲是利民工程，受益最多的是城市居民。但就目前的情况而言，相关基建项目多为政府单方面投资，这势必会降低政府部门及社会资本发展建设的热情。如果能本着谁受益谁付费的原则向受益的城市居民收取一定的费用，形成稳定的资金回报体系就能吸引更多的社会资本投入其中。但在制定收费机制的过程中，各级政府部门需根据各地实际情况考虑民众的消费能力，使相关服务或产品的价格符合民众的承受能力。

（六）形成科学的价格形成和财政补贴机制

政府部门与社会资本需要共同商定价格，所制定的价格要在压缩政府部门财政支出的同时，保障社会资本的投资收益。因此，各级政府部门可以设立定期审查机制，加大对成本的监管力度，进而使公共产品的价格调整机制更加完善，使社会资本能通过项目经营得到长期稳定的投资收益，同时保障民众的利益。针对一些利民效果较好但投资方收益较少甚至难以收回投资成本的项目，在改善经营方式、调整产品价格之后，政府部门可根据自身财政状况，给予项目投资方适当的财政补贴。此外要设立弹性较大的动态补贴机制，稳定政府部门的财政支出情况。

制定价格的主要目的是实现对项目的财务管理，在项目实施过程中，需要尽量压缩政府部门的成本支出，但在压缩政府部门成本的同时，也要注意保障社会资本的相关权益，此外还需根据政府部门及社会资本的实际财务状况制定相关产品或服务的价格。因此，在建立价格机制的同时，也要建立健全的审价制度，这一点尤为关键，政府可以通过审价制度加强对项目成本的控制力度，并在保证财政稳定的情况下给予投资方适当的财政补贴。除此之外，各级政府应在充分考虑自身财政状况的情况下，对财政支出的相关责任做出明确划分，政府部门每年对 PPP 模式项目的预期投入不得超过政府一般公共预算支出的 10%，具体占比要依据公共需求及实有资本的情况判定，在确定财政费用方面要充分参考各级政府前五年相关数据的平均值。另外，在计划开展 PPP 模式项目时，要考虑各地的经济发展水平、所需公共服务规模、区位优势及项目发展前景等因素，避免同一地区重复开发，导致资源浪费及服务过盛，优化资源配置，从全局出发对同一区域进行统筹管理，发挥 PPP 模式的优势。

（七）建立保障社会资本利益的机制

出台能切实保障 PPP 模式项目参与各方权益的法律法规，建立健全社会保障机制。在法律层面，需完善针对 PPP 模式的法律体系。PPP 模式中的参与方较为复杂，虽以政府部门为主体，但社会资本、金融机构等也是 PPP 模式的重要组成部分，为有效解决

PPP 模式发展运作过程中可能出现的各种问题，颁布一系列针对 PPP 模式的全面系统的法律法规十分必要。与基础设施建设有关的项目一般有两个部分的工作，一部分是项目建设的前期准备工作，这部分工作需要大量的资金支持，且无法有效收回成本；另一部分是项目建设过程中的相关设备采购安装工作，这一部分工作对专业技术有一定的要求，并能提供较为可观的资金回报。为加快项目进程，提高项目建设的效率，政府部门可以承担没有收益的前期准备工作部分，将需要专业技术支持且收益可观的第二部分交予社会资本负责，在保证项目质量的同时也保障了社会资本的合理收益。

在综合考量 PPP 模式项目融资渠道、融资方式后，社会资本的引入问题需要政府部门给予支持。一是就社会资本融资问题给予政策性支持，例如调整银行系统的信用评价机制，使民营企业在融资条件、规模等问题上与国有企业具有相同的地位，同时政府部门应根据实际情况给予积极参与 PPP 模式项目的社会资本相关的政策支持、适当发放财政补贴。二是在企业规模、经营状况等条件基本相同时，政府部门应有意识地优先选择民营企业，这可以帮助政府吸引更多有实力的民营企业投资 PPP 模式项目项目。三是政府部门应根据当前的实际情况，适时调整征地、税收等相关政策，激发社会资本参与 PPP 模式项目的热情。四是政府部门可以设立有针对性地专项保证基金，加强对项目资金管理的监管，达到消除社会资本投资顾虑、增强其投资信心的目的。

六 完善 PPP 模式项目管理与监管机制

在 PPP 模式的实施过程中，政府部门的作用主要体现在以下两个方面：一是加强对 PPP 模式项目的管理，确保项目的稳定推进；二是要对项目全程进行监管，有效防范各种风险。在项目建设过程中，参与项目的任何一方发生变化，政府都要调整修改相关的 PPP 模式项目协议，以此保障项目各参与方的利益。目前，吉林省仍未建立较为完善的监管机制。社会资本投资的主要动机是追求利润，社会资本的逐利性如果缺乏有效的监管，将可能影响项目进程、产品质量等，增加项目风险。为降低相关风险、保证项目建设质量，政府监管部门需要结合各产业特点及市场情况，参考相关产业项目的成功经验，建立健全监管机制，鼓励第三方参与监督管理，此外政府监管部门在工作中也要做到公开透明，独立公正地对项目进程及项目各参与方进行监管。

（一）设立 PPP 模式项目专业管理机构并提供技术支持

PPP 模式项目的建设周期较长，政治政策、经济环境等都可能对市场环境造成影响。因此就需要政府部门设立具有一定专业能力的专业管理机构对 PPP 模式项目进行全过程管理。由专业管理机构统一管理不仅可以减少 PPP 模式项目的各种风险，还可以更高效地利用资金，提高项目整体建设效率，同时专业管理机构可以对公共产品及服务的质量和价格进行严格把关，以保障公共利益。但是这类专业管理机构的设立需要政府各部门相互沟通并统筹安排，为该机构的长期运行及工作效率提供保障，进而降低政府部门的信用风险。PPP 模式项目的顺利完成需要足够的专业技术支撑。一方面要求政府对项目进程中的具体操作细则进行规范；另一方面要加强对项目设计规划的审核，对项目可行性报告的内容进行规范，要求有关部门严格遵守规定开展相关工作。建立专业管理机构可以有效降低项目风险。专业管理机构会充分运用数据分析等方法，对项目进程实施监管，建立相关网络平台，及时公布项目相关信息，做到公开透明。此外，政府部门可以和相关专家进行合作，研究借鉴国外尤其是发达国家的成功经验，并结合我国 PPP 模式的具体情况研究确定我国 PPP 模式未来发展方向。这类研究应是多方面的、立体化的分析，涉及面要广且全面，包括理论基础、管理机构、项目评审、行业分析、财务结构、协商合作、监督管理等。项目有关主管部门及相关行业主管部门可以挑选合适的进行中的 PPP 模式项目开展试点，以便更好地为同类 PPP 模式项目提供成功经验，为普遍性问题提供解决方案。吉林省 PPP 模式的发展方向要做到与时俱进，根据外部环境的实时变化进行调整完善，同时可以参考国外一些国家的管理体系，研究分析其成功经验，将其可取之处与吉林省实际情况相结合，完善吉林省 PPP 模式管理体系，加速 PPP 模式的发展。

（二）加强内部治理与外部监督

在目前的 PPP 合作模式下，参与各方，即政府部门、社会资本、民众没有做到相互监督，导致社会资本的投资收益无法得到保障，民众对公共利益的诉求无法得到满足。为有效解决这一问题，应从整顿内部治理与加强外部监管两个方面入手。在整顿内部治理方面，要调整现有的组织结构，改变合作方式，制衡 PPP 模式项目的各参与方，主要对决策、激励、监管等方面进行调整，以达到约束各参与方行为的目的。例如，在产品定价上，由社会资本与政府部门共同商议决定，防止政府部门利用权力单方面定价的情况出现，这将有助于健全投资回报机制。在加强外部监管方面，可以引进第三方监管机构，避免政府部门既参与又监管的情况出现，保证项目合作各方公平平等、项目进程公开透明。由于 PPP 模式项目的运作流程长且操作复杂，在项目建设过程中，市场环境受政策性因素或经济性因素影响，随时可能发生变化。由政府引入的第三方监管机构对全局进行统筹安排，对项目参与各方进行监管审查，并根据外部环境变化对项目流程或操作细节进行调整。设立第三方监管机构的优势体现在以下几点。第一，第三方监管机构的设立有助于对项目的每个流程进行管理，并及时解决可能出现的问题，站在客观的角度对项目的流程做出评估，同时为项目提供咨询及监管服务。第二，第三方监管机构的介入能提高资金的使用效率，确保项目顺利进行。第三，第三方监管机构可以有效监督项目参与各方的行为，起到协调各方的作用，保持社会资本和政府的沟通渠道畅通，进而保证项目建设的质量，同时也为 PPP 模式的发展提供保障。第四，第三方监管机构也可对参与项目的政府进行监督，避免政府不正确使用权力的情况出现。引进的第三方监管机构要能够代表社会民众的意愿，在此基础上应用专业的监管方式与各民间组织合作开展监督工作。无论是内部治理还是外部监管，其核心目标都是使 PPP 模式项目能稳步、顺利推进，同时保证各参与方的平等地位及合法权益。

七 设置合理的风险分担机制

PPP 模式项目能否顺利进行在很大程度上取决于风险分担机制是否合理，如果无法做到合理分担相关风险，很难保证 PPP 模式项目的顺利进行。因此，建立合理公平的分担机制十分必要。在 PPP 模式运作过程中，项目的风险由政府部门和社会资本共同承担，作为风险的主要承担方，公私双方的优势体现在不同方面，且双方的风险偏好有较大差异，为了达到最佳效果，要根据双方各自特点及偏好分担相关风险。政府部门主要在法律法规及政策制定方面有优势，社会资本则在项目经营方面具有丰富经验，可以让政府部门承担相关的政策风险，社会资本方承担相应的经营风险或财务风险等。但双方的投资回报应与双方承担的风险成正比，各方所承担的风险不应超过其可承受范围，这种分担机制才是合理可行的。

PPP 模式项目顺利运行的关键是建立有效的风险分担机制。对社会资本甚至国外投资者来说，它们最关心的问题是怎样规避风险、避免经济损失，因此，只有有效的风险分担机制才能消除投资者的顾虑，并吸引更多的资金投入项目建设。通常情况下 PPP 模式项目的风险包括以下几个部分：一是政策性风险，不稳定的政策是社会资本参与 PPP 模式项目的最大阻碍及风险；二是项目运行过程中的风险，具体指项目本身的设计缺陷、融资利率较高、预算不足等；三是项目运营过程中的风险，具体指价格风险及技术风险等。就政府方来说，为了增强投资方的信心消除其顾虑，应采取简化审批流程、出台相应优惠政策等手段。有效的风险识别及分担机制是保障 PPP 模式项目成功的关键。为此要从以下几个方面采取措施：第一，做好前期规划工作，项目运行前就项目是否适合 PPP 模式进行分析审核，审核内容主要包括项目的规模、帮助公共部门转移风险的能力、预期能产生的社会效益、是否能保证各参与方的合法权益等；第二，动工之前，分析项目的各种潜在风险，并提出解决方案以供民营企业参考，使其对潜在风险进行预防和规避；第三，划分风险类别，由风险防控能力较强的一方承担相应风险，总体上要本着共同承担的原则；第四，在项目建设过程中，保证参与项目的公私双方的有效沟通，以便及时处理各类问题。此外，为了实现风险共担，在合同内容中要规定重新谈判的触发条件及具体实施细则，进而使风险管控机制更加健全。

八 缓解政府债务压力

缓解政府债务压力，降低政府财政风险。政府部门应该出台相关政策，将政府债务与投入 PPP 模式项目的资金区分开来，但同时也要对所投入资金进行财务监管。政府分批逐年投入 PPP 模式项目的资金，不会增加政府债务，可以结合其他因素对政府未来的支出情况做出判断，只要未来能够按时支付相关财政费用就不会导致债务增加。此外，一般情况下 PPP 模式项目相关债务应由项目公司负责，如果政府部门以对项目公司投资的形式取得了一定的股份，后续政府部门给予项目的财政补贴等都不计入债务。与此同时，政府部门应加大对项目的财务管理力度，积极设立公开透明的管理制度。政府可以设立风险预算模型，及时发现项目实施中的潜在风险。过去的经验表明，PPP 模式项目中的风险和问题如果没有得到及时妥善处理，不但不能为政府部门减轻相应的财政负担，还有可能造成更大的财政风险。因此，政府部门有必要建立风险预测体系，依据 PPP 模式项目各阶段的具体情况，有针对性地建立监管机构，如此可以对 PPP 模式项目的财政风险进行有效控制，进而保证 PPP 模式项目更好地满足民众公共利益。

鼓励地方政府采取捆绑方式推进 PPP 模式项目发展，增强项目吸引投资的能力。目前吉林省的经济情况具有以下特点：一是区域经济规模较小；二是公共基础设施市场规模较小；三是社会资本对相关项目的投资兴趣较低。针对上述特点，建议政府部门将同类 PPP 模式项目进行捆绑处理，对捆绑到一起的同类项目统一规划、统一招投标，吸引更多社会资本参与投资。设定灵活的支出上限标准，合理高效地掌控财政风险。建议对财政状况良好或有确切需求的县级政府放宽财政支出上限，进而更好地推动县级区域 PPP 模式项目的发展。省级政府应加大财政支持的力度，尽量减少存量债务。各地政府部门应根据自身的实际情况，出台针对 PPP 模式项目的奖补机制管理办法，对优秀的、有成效的 PPP 模式项目发放奖励，充分利用财政资金的支持作用。

九 引进和培养 PPP 模式专业人才

PPP 模式有助于改变政府治理模式，用合同治理代替权力治理，政府需要进行统筹规划，建设专业的 PPP 模式人才队伍。政府要致力于培养实务型人才，科学地进行人才培养工作，但切不可操之过急，在扩大人才队伍的同时要能保障人才质量。政府部门应在 PPP 模式人才队伍建设的基础上，拟订人才队伍建设计划，使人才队伍建设计划与经济社会的发展计划相结合，形成一个覆盖面较广、涉及领域较全面的人才培养体系。PPP 模式项目的操作过程涉及许多方面，如法律法规、政策制度、可行性评估、合同签约、风险预测、收益分配、档案管理、业务指导及宣传培训等。这些方面涉及法律、金融、营销、管理、税收、财务及行业技术等专业知识，领域较广。同时 PPP 模式的应用是理论与实践的结合，操作流程较为复杂，涉及的程序较多，这就需要综合能力较强的复合型管理人才对项目的实施过程进行把控，因此培训复合型人才十分关键。政府要有针对性地开展人才培养活动，为 PPP 模式项目输送专业人才，提高 PPP 模式项目的运作效率并有效管理 PPP 模式项目的各个流程，进而提高政府部门处理 PPP 模式项目的效率。

目前吉林省政府部门缺少具有 PPP 模式专业知识的人才，除了招募专业人才充实原有政府工程管理团队，还应该注意对人才的培养不应局限于政府部门的工作人员，也应在参与项目的民营企业中挑选人才进行培养，使参与项目建设的员工及管理人员充分了解 PPP 模式项目，并培养其业务能力。企业也需迎合 PPP 模式项目需求，与政府部门一道对相关管理人员进行培养，本着公私双方共赢的原则，维护双方的合法权益，优化项目管理体系，建立激励机制，激发员工的工作积极性。明确社会资本与政府的合作关系及工程承建目标，避免矛盾冲突，为 PPP 模式应用营造良好氛围，为新常态下 PPP 模式的有效应用建立强有力的人才队伍。政府相关部门组织设立人才储备库，筛选合适的人才并对其进行系统全面的培训，加深其对 PPP 模式的认知。政府可依据自身 PPP 模式实践需求，积极与高校构建人才供给合作关系，向高校或者专业的第三方专业培训机构提出人才培育计划，提高相关工作人员在沟通、管理、法制、协作等方面的综合素养，为新常态下有效落实 PPP 模式夯实人才基石。也可组织人员对成功的 PPP 模式项目进行考察，学习成功经验，或者派有关人员到建设中的 PPP 模式项目参与项目运行，加深对项目流程的了解。同时，可以派遣优秀人才出国学习国外的先进理念及成功经验，结合吉林省的具体情况规范吉林省 PPP 模式项目的建设流程，使吉林省 PPP 模式形成专业化的体系。在 PPP 人才培养过程中，有关部门应针对相关薄弱环节，集中专业的师资力量，有针对性地培养专业人才，填补 PPP 模式发展中的人才空缺。

除此之外，可以总结已完成的相关案例，通过各种渠道宣传

PPP 模式，提升公众认知程度及社会影响力。在培训过程中坚持理论与实践相结合，针对 PPP 模式项目参与各方的需要培养相关人才，建立起一支规模大、涉及领域广的专业人才队伍，为 PPP 模式项目建设提供支持，让具有专业知识的人才开展相关工作。

附录 1

吉林省已签约 PPP 模式项目

截至 2018 年 11 月，吉林省已签约 PPP 模式项目如下。

一　长春市已签约 PPP 模式项目

1. 九台区其塔木镇经莽卡乡至小锦州公路改造项目

项目所在地：吉林省长春市

项目总投资：5281 万元

运作形式：BOT

政府参与方式：运营补贴

时间：2017 年 4 月 15 日至 2017 年 12 月

建设内容：项目主要建设路线全长 27.3 公里，起点位于其塔木镇经西哈村，途径王家油坊、张庄子村、莽卡乡、刘家店、石屯村、七家子村，终点为吉林界。全线拆除新建涵洞 9 道，拆除新建桥梁 5 座，路基土方 11.93 万立方米，路面工程 163.344 平方米。

2. 九台区前进路中段路桥建设工程项目

项目所在地：吉林省长春市

项目总投资：31700 万元

运作形式：BOT

政府参与方式：运营补贴

时间：2017 年 5 月 18 日至 2018 年 1 月 2 日

建设内容：项目主要建设道路全长 1500 米，红线宽 50 米，跨河桥一座，跨铁路桥一座。

3. 九台区市政道路及配套工程 PPP 模式项目（开发区部分）

项目所在地：吉林省长春市

项目总投资：17978 万元

运作形式：BOT

政府参与方式：运营补贴

时间：2016 年 9 月 20 日至 2017 年 12 月

建设内容：项目主要建设卡伦湖大街、丙二十街、甲二路共三条道路及沿道路敷设的排水工程、给水工程、供电工程、照明工程及绿化工程。道路总长为 2309.066 米，道路总铺装面积为 46543.19 平方米，步道铺装面积为 27212.56 平方米；敷设雨水管线 2679 米（含预埋管）；敷设污水管线 3098 米（含预埋管）；敷设给水管线 3036 米（含预埋管）；敷设 10kV 电缆 4620 米，照明 134 盏。

4. 九台区市政道路及配套工程 PPP 模式项目（住建局部分）

项目所在地：吉林省长春市

项目总投资：5605 万元

运作形式：BOT

政府参与方式：运营补贴

时间：2016 年 9 月 15 日至 2017 年 12 月

建设内容：项目建设道路总长度为 1664 米，车行道铺装面积为 23021 平方米，非机动车道铺装面积为 3605 平方米，人行步道面积为 9464 平方米，停车带面积为 13660 平方米，设置路灯96 盏。

5. 九台区 2016 年交通基础设施公路建设项目

项目所在地：吉林省长春市

项目总投资：16041 万元

运作形式：BOT

政府参与方式：运营补贴

时间：2017 年 4 月 10 日至 2017 年 12 月

建设内容：项目包含 5 条线路，总长为 66.727 公里。即长通路改扩建工程 3.396 公里；长吉北线—碧水庄园—庙香山—九开公路（董家高速出口）道路工程 29.6 公里；长吉北线—桦树村—八台岭—国道饶盖公路 22.1 公里；乡道二道沟至加工河养护工程9.45 公里及土们岭办事处马鞍山景区道路 2.181 公里。主要建设内容为路基路面及必要的小桥涵。

6. 临河街地下综合管廊（一期工程：净乙一路—净月快速路）

项目所在地：吉林省长春市

项目总投资：152830.42 万元

运作形式：TOT

政府参与方式：特许经营、财政补贴、匹配资源、股权合作、政府补贴

时间：2015 年 9 月至 2017 年 12 月

建设内容：临河街地下综合管廊（一期工程：净乙一路—净月快速路）全长 5.5 公里，管廊宽度为 17 米。管廊主要收纳管线包括电力管线、通信管线、给水管道、中水管道、供热管道。相应配套附属设施包括电气、监控、给排水、消防、通风工程。

7. 长春市地下综合管廊南部新城乙六路（芳草街—甲三路）

项目所在地：吉林省长春市

项目总投资：56275.82 万元

运作形式：TOT

政府参与方式：特许经营、财政补贴、匹配资源、股权合作、政府补贴

时间：2015 年 8 月至 2017 年 12 月

建设内容：本工程为南部新城乙六路道路下 2.8 公里综合管廊以及附属设施。综合管廊主要收纳给水、电力、通信、供热管线。附属设施包含消防、供电、照明、监控、报警、通风、排水、标识系统及控制中心一座等。

8. 长春市汽车经济技术开发区腾飞大路（市界—前程路）综合管廊及市政基础设施工程

项目所在地：吉林省长春市

项目总投资：151438.58 万元

运作形式：BOT

政府参与方式：特许经营、财政补贴、匹配资源、股权合作、政府补贴

时间：2016 年 8 月至 2018 年 12 月

建设内容：管廊长度为 5.0 公里，管廊宽度为 9.2 米，高度为 5.9 米。入廊管线种类有给水、再生水、通信、10kV 高压电缆、66kV 超高压电缆、220kV 超高压电缆。配套道路长度为 5.9 公里，雨水管线长 12 公里，污水管线长 6 公里。

9. 长春市南部新城丙五十四路综合管廊工程（丙六十七路—芳草街）

项目所在地：吉林省长春市

项目总投资：19308.1 万元

运作形式：BOT

政府参与方式：特许经营、财政补贴、匹配资源、股权合作、政府补贴

时间：2016 年 6 月至 2018 年 12 月

建设内容：丙六十七路—丙六十四路选用两舱式矩形断面，长度为 1040 米，容纳给水、供热、通信、10kV 电力管线。丙六十四路—芳草街选用单舱室矩形断面，长度为 217.936 米，容纳给水、通信、10kV 电力管线。管廊全长为 1257.936 米，面积为 11959.8 平方米。还建车行道面积为 840 平方米，还建人行道面积为 120 平方米，还建绿化带面积为 1500 平方米，还建雨水管线 20 米，还建污水管线 40 米，新建雨水管线 80 米，新建污水管线 80 米。

10. 长春市南部新城甲三路综合管廊工程（乙三路—甲二路）

项目所在地：吉林省长春市

项目总投资：26398.15 万元

运作形式：BOT

政府参与方式：特许经营、财政补贴、匹配资源、股权合作、政府补贴

时间：2016 年 6 月至 2018 年 12 月

建设内容：新建甲三路管廊为三舱式矩形断面，长度为 1129.21 米，容纳给水、供热、通信、10kV 电力、66kV 电力、220kV 电力管线。与甲三路相交处新建乙六路管廊为两舱式矩形断面，长度为 63.1 米。容纳给水、供热、通信、10kV 电力、66kV 电力、220kV 电力管线。管廊全长 1192.31 米，面积为 15668.44 平方米。还建车行道面积为 1431.59 平方米，还建人行道面积为 1085.85 平方米，非机动车道面积为 2197.68 平方米，雨水管线长

141 米，污水管线长 133 米。

11. 长春市河东路综合管廊工程（东环城路—东翔大街）

项目所在地：吉林省长春市

项目总投资：132009.68 万元

运作形式：BOT

政府参与方式：特许经营、财政补贴、匹配资源、股权合作、政府补贴

时间：2016 年 8 月至 2018 年 12 月

建设内容：新建河东路综合管廊为三舱式矩形断面，长度为 6500 米，管廊面积为 72345 平方米，容纳给水、通信、66kV、10kV 电力管线。河东路综合管廊沿线需下穿长图铁路、下穿新开河及新开河两个支沟、下穿长吉城际铁路、下穿长双烟铁路、下穿绕城高速公路、监控中心一座。

12. 长春市东三环路综合管廊工程（河东路—四通路）

项目所在地：吉林省长春市

项目总投资：74081.59 万元

运作形式：BOT

政府参与方式：特许经营、财政补贴、匹配资源、股权合作、政府补贴

时间：未开工至 2018 年 12 月

建设内容：吉林省长春市"重大市政工程"，新建东三环路综合管廊为三舱式矩形断面，长度为 1200 米，容纳给水、再生水、通信、10kV 电力、66kV 电力、220kV 电力管线、空间预留，面积为 14680 平方米；支廊长度为 142 米，面积为 1015 平方米。还建有车行道面积 1190 平方米，人行道面积为 233 平方米，绿化带面积有 135.8 平方米。

13. 长春市南部新城芳草街综合管廊及市政基础设施工程（丙四十七—甲二路）

项目所在地：吉林省长春市

项目总投资：53152.13 万元

运作形式：BOT

政府参与方式：特许经营、财政补贴、匹配资源、股权合作、政府补贴

时间：2016 年 6 月至 2018 年 12 月

建设内容：新建芳草街综合管廊为单舱式矩形断面，长度为 3200 米，容纳给水、通信、10kV 电力管线。面积为 17526.82 平方米，还建车行道面积为 484 平方米、非机动车道面积为 960 平方米、人行道面积为 2088 平方米。新建机动车道 61822 平方米，人行道 17305 平方米，非机动车道 8844 平方米，雨水管 3031 米，污水管 2709 米，桥梁工程 1400 平方米。

14. 长春市皓月大路综合管廊及市政基础设施工程（绕城高速—西四环路）

项目所在地：吉林省长春市

项目总投资：114392.96 万元

运作形式：BOT

政府参与方式：特许经营、财政补贴、匹配资源、股权合作、政府补贴

时间：2016 年 5 月至 2018 年 12 月

建设内容：综合管廊全长 4410 米，综合管廊净尺寸为 4.2 米 × 3.3 米 + 2.6 米 × 3.3 米，管廊断面选用两舱式矩形断面。覆土深度 ≥3 米，分控中心面积为 1200 平方米。基础配套设施为 4699.299 米，红线宽度为 40 米，横断为双幅路形式：4 米（人行道）+ 2 米

（绿化带）+12 米（行车道）+4 米（中央分隔带）+12 米（行车道）+2 米（绿化带）+4 米（行车道）=40 米。红线两侧预留 6 米宽城市绿带。配套面积为 197728.22 平方米。

15. 经开区绿化景观提升养护及市政设施管理维护 PPP 模式项目

项目所在地：吉林省长春市

项目总投资：80000 万元

运作形式：BOT

政府参与方式：股权合作

时间：2017 年 3 月 25 日至 2026 年 12 月 31 日

建设内容：包括经开区内武汉路（沿河街—世纪大街）等 45 条街路、会展中心及周边区域、经开征而未用土地等的绿化景观打包进行提升养护，对北海公园、政务中心、101 省道、珠海路等 39 条街路的既有绿化景观进行养护，对经开区伊通河六个吐口对应区域的市政排水设施进行管理和维护。

16. 长春空港经济开发区内综合管廊及市政路网西区二期项目

项目所在地：吉林省长春市

项目总投资：334600 万元

运作形式：BOT

政府参与方式：股权合作

时间：2016 年 12 月至 2045 年 12 月

建设内容：道路及排水工程 4 项，管廊工程 4 项。

17. 长春空港经济开发区内综合管廊及市政路网东区项目

项目所在地：吉林省长春市

项目总投资：473200 万元

运作形式：BOT

政府参与方式：股权合作

时间：2016 年 12 月至 2045 年 12 月

建设内容：道路及排水工程 10 项，管廊工程 14 项。

18. 长春空港经济开发区内综合管廊及市政路网西区项目

项目所在地：吉林省长春市

项目总投资：237600 万元

运作形式：BOT

政府参与方式：股权合作

时间：2016 年 12 月至 2045 年 12 月

建设内容：道路及排水工程 2 项，管廊工程 3 项。

19. 长春市二道区英俊镇新型城镇化基础设施建设 PPP 模式项目

项目所在地：吉林省长春市

项目总投资：288600 万元

运作形式：BTFO

政府参与方式：特许经营

时间：2016 年 6 月 10 日至 2018 年 12 月 30 日

建设内容：土地整理和市政基础设施的融资、投资、勘察、设计、建设、运营和维护。其中包括英俊镇 17 个地块 308.9 万平方米的土地整理，8 条道路、8 座桥梁及给排水、绿化等附属基础设施投资建设。

20. 伊通河城区段百里整治项目南溪湿地综合治理工程政府与社会资本合作（PPP）项目

项目所在地：吉林省长春市

项目总投资：136668.19 万元

运作形式：BOT

政府参与方式：政府付费

时间：2016 年 10 月 18 日至 2018 年 12 月 31 日

建设内容：南溪湿地景观工程、相关土方、市政工程及智慧城市建设工程。第一，南溪湿地景观工程包括用地范围 214 公顷内的景观、配套建筑等；第二，相关土方工程包括规划河堤路范围土方的开挖、运输及回填工程；第三，市政工程包括甲二路、河堤西路、河堤东路、彩织街、丙一百四十路、丙一百四十一路和规划支路、甲二路跨伊通河桥梁及南部新城二线污水干管工程；第四，项目范围内智慧城市建设工程。

21. 引松花江水入五棵树镇工程

项目所在地：吉林省长春市

项目总投资：47700 万元

运作形式：BOT

政府参与方式：股权合作

时间：2018 年 4 月 1 日至 2019 年 1 月

建设内容：此项目分为取水工程、净水厂工程、配水工程、农业输水工程。

22. 长春市双阳区齐家镇与山河街污水处理工程项目

项目所在地：吉林省长春市

项目总投资：9185 万元

运作形式：BOT

政府参与方式：特许经营

时间：2016 年 6 月至 2018 年 12 月

建设内容：建设齐家镇污水处理厂一座及配套管网 11.2 公里，山河街污水处理厂一座及配套管网 12.6 公里。建成后的污水处理目标为齐家镇近期 3000 立方米/天，远期 6000 立方米/天；山河街近期 5000 立方米/天，远期 10000 立方米/天。

23. 西新污水处理厂项目

项目所在地：吉林省长春市

项目总投资：29000 万元

运作形式：BOT

政府参与方式：特许经营

时间：2018 年 6 月至 2020 年 12 月

建设内容：项目用地面积为 6.5 公顷、设计规模为 5 万立方米/天。

24. 长春兰家城镇化基础设施 PPP 模式项目

项目所在地：吉林省长春市

项目总投资：362800 万元

运作形式：DBFOT

政府参与方式：股权合作

时间：2017 年 6 月 30 日至 2021 年 12 月

建设内容：新建道路 24 条、大修道路 2 条、道路改造 1 条，总长度为 44.6 公里；绿化带 39.3 万平方米，桥梁 11 座。

二 通化市已签约 PPP 模式项目

1. 通化市城市地下综合管廊及道路改造 PPP 模式项目

项目所在地：吉林省通化市

项目总投资：899950 万元

运作形式：BOT

政府参与方式：特许经营

时间：2016 年 4 月至 2020 年 11 月

建设内容：新建地下综合管廊及道路改造 80.96 公里。

2. 通化市污水处理厂一期提标改造及二期扩建 PPP 模式项目

项目所在地：吉林省通化市

项目总投资：80395 万元

运作形式：TOT + ROT

政府参与方式：股权合作

时间：2017 年 8 月至 2019 年 8 月

建设内容：通化市污水处理厂一期工程 5 万吨／日的提标改造、二期工程 5 万吨／日的扩建及新建截污干管，总计约 45 公里。污水处理厂一期、二期处理规模总计 10 万吨／日，新建及存量截污干管总计约 78 公里。

3. 集安市地下综合管廊建设项目

项目所在地：吉林省通化市集安市

项目总投资：45662 万元

运作形式：BOT

政府参与方式：特许经营

时间：2016 年 1 月至 2020 年 10 月

建设内容：该项目拟在集安市太和街、祥和街、云水东路、云水路、站前街、胜利西路六条道路建设地下综合管廊，总长度为 7176 米。

4. 吉林省梅河口市李炉乡蓄水工程

项目所在地：吉林省梅河口市

项目总投资：67974.24 万元

运作形式：BOT

政府参与方式：股权合作

时间：2017 年 5 月至 2018 年 1 月

建设内容：项目主要包括李炉乡蓄水工程蓄水池和景观绿化工

程两部分。李炉乡蓄水工程蓄水池周长为 3951 米，总面积为 65.7 万平方米；景观绿化工程包括硬铺工程、绿化工程、建筑工程、桥梁工程等。

5. 柳河县污水处理 PPP 模式项目

项目所在地：吉林省通化市柳河县

项目总投资：15792.51 万元

运作形式：TOT + BOT

政府参与方式：股权合作

时间：2017 年 11 月至 2018 年 10 月

建设内容：生活污水厂，规模污水量 3 万吨/日；工业污水厂，规模污水量 1 万吨/日。由柳河县住房和城乡建设局下属国有独资柳河县碧水污水处理有限公司与北京桑德环境工程有限公司组建项目公司，项目公司为柳河桑德水务有限公司。

三　松原市已签约 PPP 模式项目

1. 松原市地下综合管廊政府和社会资本合作（PPP）项目

项目所在地：松原市

项目总投资：434542 万元

运作形式：BOST

政府参与方式：特许经营、政府补贴

时间：2015 年 7 月至 2018 年 12 月

建设内容：新建 14 条管廊及附属设施、道路恢复工程、监控中心 4 座，全长 36.2 公里，包括学府街、文化路、环境路、和平西路、成吉思汗大街、环保大街一期、溪浪河、伯都讷大街、团结街、松原大路、和谐大街、和平东路、沿江西路、环保大街二期。

2. 松原市生活垃圾焚烧发电项目

项目所在地：宁江区雅达虹工业集中区

项目总投资：35700 万元

运作形式：BOT

政府参与方式：特许经营

时间：2015 年 5 月至 2017 年 6 月

建设内容：建设主厂房、综合楼、灰渣处理系统、渗滤液处理站、点火油库、脱硝氨水泵房及其他配套设施。日处理生活垃圾 1500 吨，新建 3×500 吨/日循环流化床垃圾焚烧炉。

3. 松原市 2015 年城区绿化工程

项目所在地：松原市内

项目总投资：29000 万元

运作形式：BOT

政府参与方式：购买服务 BOT

时间：2015 年 9 月至 2018 年 5 月

建设内容：乌兰大街、青年大街、松原大路、松花江大桥南北环岛、伯都讷南街、东镇西路、前程东路、前程西路、临江西路、滨江大道东段、哈达大街、学府街、瓦房街、扶余大路、松原大桥南岸两侧绿地、纳仁汗二期、新城广场，绿化面积总计 620650 平方米。

4. 松原市综合交通运输运行协调和应急指挥中心平台 PPP 模式项目（一期）

项目所在地：松原市

项目总投资：2215.65 万元

运作形式：BOT

政府参与方式：特许经营、政府付费、可行性缺口补贴

时间：2018 年 5 月至 2017 年 10 月

建设内容：松原市综合交通运输运行协调和应急指挥中心（TOCC）遵循省厅信息化建设顶层设计框架，基于"互联网 + 便捷交通"理念，整合省厅与松原市相关的交通运输信息化资源和松原市公路、水路、城市交通已有的信息化成果，按照交通运输部标准规范，构建面向出租汽车、城市公交的智能化管理系统和面向百姓便捷出行的公众出行服务系统、面向领导的区域综合运行分析决策支持系统。建设松原市综合交通运输运行协调和应急指挥中心（TOCC），实现对整个松原市交通运输进行日常监测、协调指挥、辅助决策。建设松原市交通运输行业信息化建设集约化软硬件支撑平台和数据中心机房，确保各业务应用安全、稳定、可靠运行。

四 四平市已签约 PPP 模式项目

1. 四平市地下综合管廊 PPP 模式项目

项目所在地：四平市

项目总投资：633854.23 万元

运作形式：BOT + 可行性缺口补贴

政府参与方式：特许经营

时间：2016 年至 2020 年

建设内容：新建地下综合管廊 61.5 公里，投资 49.83 亿元，随管廊新建市政道路 29.98 公里，投资 6.45 亿元

2. 国道牙四公路桑树台至四平段一级公路建设项目

项目所在地：四平市、梨树县

项目总投资：129792 万元

运作形式：ROT

政府参与方式：特许经营财政补贴

时间：2017 年 9 月至 2019 年 9 月

建设内容：四平市、梨树县交通运输项目路线全长为 67.59 公里，一级公路建设标准。

3. 四梨同城化地下综合管廊工程建设项目

项目所在地：四平市四梨大街及周边

项目总投资：461658.94 万元

运作形式：BOT + 可行性缺口补助

政府参与方式：股权合作

时间：2017 年 4 月至 2019 年 12 月

建设内容：四平市四梨大街及周边重大市政工程总占地面积为 144.21 万平方米，拟新建管廊及随廊道路总长度为 26.8 公里，为单舱、双舱、三舱及四舱四种形式，新建 1 座监控中心。

4. 四平市海绵城市建设 PPP 模式项目

项目所在地：四平市

项目总投资：342982.68 万元

运作形式：BOT + 可行性缺口补助

政府参与方式：股权合作

时间：2016 年 8 月至 2019 年 10 月

建设内容：四平市海绵城市一期建设项目包括建筑与小区 LID 系统建设、城区道路 LID 系统建设、城市绿地及广场 LID 系统建设、城市水系 LID 系统建设、监测及评估系统建设。南北河水环境综合整治工程包括堤防工程、污染综合整治工程、水生态保护与修复工程。中心城区雨污分流改造工程（一期）完成建成区88.96 平方公里的雨污分流改造工程。

5. 四平辽河农垦管理区孤家子镇污水处理厂

项目所在地：孤家子镇

项目总投资：11000 万元

运作形式：EPC

政府参与方式：无

时间：2016 年 9 月 19 日至 2018 年 6 月 30 日

建设内容：每天处理生活污水 1.5 万吨。

6. 长伊公路（依家屯—伊通镇段）及伊通开发区干路建设工程 PPP
模式项目

项目所在地：伊通县

项目总投资：32560 万元

运作形式：BOT

政府参与方式：股权合作

时间：2016 年 8 月 18 日至 2017 年 10 月 1 日

建设内容：伊通县交通运输起于长伊公路长春与四平交界的
依家屯（桩号为 K44 + 780），与长春境内段衔接，经东尖山村、
三家子屯，终点在九开公路与乌苏大街交汇处（桩号为 K54 +
550），路线全长 9.770 公里，按六车道一级公路标准建设，设计速
度为 100 公里/小时，路基宽度为 33.5 米，沿途共设置小桥 186 米/6
座；涵洞共 15 道。其中 K44 + 780 ~ K45 + 580 段、K53 + 600 ~ K53 +
970 段利用现有旧路，其余全部为新建。

7. 伊通满族自治县营城子镇污水处理 PPP 模式项目伊通县

项目所在地：营城子镇

项目总投资：7261 万元

运作形式：BOT

政府参与方式：特许经营

时间：2017 年 4 月 18 日至 2018 年 4 月 18 日

建设内容：营城子镇政府把污水处理工程列为重点计划项目，项目总投资 6992.53 万元。其中建设投资 6646 万元，建设期利息 346.53 万元。

8. 伊通镇长伊中线沿线（一级路）城市市政工业基础设施建设 PPP 模式项目

项目所在地：伊通县

项目总投资：25085 万元

运作形式：BOT

政府参与方式：股权合作

时间：2016 年 9 月 1 日至 2018 年 10 月 1 日

建设内容：伊通县"重大市政工程"，第一，建污水处理厂服务用房，建筑面积为 500 平方米；第二，新建 4 条道路，道路总长为 4184.874 米，总面积为 137042.86 平方米，其中沥青混凝土铺装总面积为 96242.69 平方米；第三，建设城市地下管沟，总长度为 2416.94 米。项目总投资为 25085.45 万元，其中建设投资为 23900 万元，建设期利息为 1185.45 万元。

9. 伊通满族自治县农村垃圾收集转运建设 PPP 模式项目

项目所在地：伊通县

项目总投资：3070 万元

运作形式：BOT

政府参与方式：特许经营

时间：2018 年 4 月 1 日至 2018 年 7 月 1 日

建设内容：本项目场区总占地面积为 4800 平方米。本项目共建设垃圾转运站 6 栋，分别位于大孤山镇、伊丹镇、营城子镇、马鞍山镇、靠山镇及景台镇，建筑物总占地面积为 1158 平方米，总建筑面积为 1158 平方米。本项目形成的公共产品包括 6 个垃圾转运站，每座转运站内的污水池、化粪池、站内设备、公用工程设备、运输车辆及设施；本项目形成的服务包括垃圾收集服务、垃圾压缩服务、垃圾转运服务等。

五　辽源市已签约 PPP 模式项目

1. 辽源市南部新城横七路地下综合管廊项目

项目所在地：辽源市

项目总投资：23000 万元

运作形式：BOT

政府参与方式：特许经营

时间：2017 年至 2019 年

建设内容：辽源市"重大市政工程"，城市地下综合管廊及配套设施，建设 2 公里地下综合管廊。

2. "气化辽源"天然气利用工程

项目所在地：辽源市

项目总投资：20000 万元

运作形式：BOT

政府参与方式：特许经营

时间：2016 年至 2020 年

建设内容：建设次高压输气管道 10 公里，改造 140 台燃煤锅炉，建设市政中、低压输气管道 150 公里，建设 CNG 压缩母站 1 座，完成居民天然气配套安装 12 万户。

六 吉林市已签约 PPP 模式项目

1. 桦甸市万两河水利枢纽工程

项目所在地：桦甸市

项目总投资：50000 万元

运作形式：BOO

政府参与方式：匹配资源

时间：2015 年 5 月至 2017 年 10 月

建设内容：建设水库总库容为 150384 立方米，电站总装机容量为 1000 千瓦，多年平均发电量为 101. 19 万千瓦时，并建设电站厂房、净水厂、水库大坝、隧洞、输水管线及城市配水管线。

2. 吉林市温德河湿地水生态综合治理工程

项目所在地：吉林市

项目总投资：31229 万元

运作形式：BOT

政府参与方式：特许经营、财政补贴

时间：2016 年 6 月至 2018 年 9 月

建设内容：温德河湿地水生态综合治理工程起于外环高速公路桥，止于温德河入江口，河道全长为 3.7 公里，项目区域总面积为 150 万平方米。

3. 吉林市城市地下综合管廊工程（江南及丰满区域）

项目所在地：吉林市

项目总投资：221814. 66 万元

运作形式：BOT

政府参与方式：特许经营

时间：2015 年 6 月至 2020 年 11 月

建设内容：全长 18.92 公里，其中丰满路段，起点丰满桥，终点规划路，长 1.76 公里；吉丰东路段，起点南山街，终点丰满桥，长 12.99 公里；南山街段，起点华山路，终点吉丰东路，长 4.17 公里。管廊内包含给水、电力、通信、热力 4 类管线和 1 条由上游丰满水库至市区各市政水厂的原水管道，以及消防、照明等配套设施。

4. 吉林城市地下综合管廊（哈达湾段东西干线）工程

项目所在地：吉林市

项目总投资：103792.73 万元

运作形式：BOT

政府参与方式：特许经营

时间：2016 年 9 月至 2018 年 12 月

建设内容：全长 7209.8 米，其中，纸业路长 925.8 米，乐居路和复兴街长 984 米，哈达湾街长 5300 米。管廊内敷设给水管线、供热管线、电力电缆、通信管道。同时，配套建设消防、通风、排水、监控与报警等附属设施。

5. 吉林城市地下综合管廊（哈达湾段南北干线）工程

项目所在地：吉林市

项目总投资：86016.08 万元

运作形式：BOT

政府参与方式：特许经营

时间：2017 年 6 月至 2018 年 11 月

建设内容：吉林市"重大市政工程"，全长 5825 米，其中，松江北路、郁江路长 2905 米，新邑街、新宏街、合水路、连水街长 2920 米。管廊内敷设给水管线、供热管线、电力电缆、通信管道，同时，配套建设消防、通风、排水、监控与报警等附属设施。

6. 吉林市城市地下综合管廊（滨江东路）工程

项目所在地：吉林市

项目总投资：59079.12 万元

运作形式：BOT

政府参与方式：特许经营

时间：2018 年 6 月至 2020 年 9 月

建设内容：吉林市"重大市政工程"，起点江湾大桥，终点雾凇大桥，全长 5700 米。管廊内敷设给水管线、供热管线、电力电缆、通信管道。同时，配套建设消防、通风、安防、排水、监控与报警等附属设施。

7. 吉林市城市地下综合管廊（秀水街）工程

项目所在地：吉林市

项目总投资：220799.09 万元

运作形式：BOT

政府参与方式：特许经营

时间：2017 年 5 月至 2020 年 11 月

建设内容：吉林市"重大市政工程"，北起珲春北街，南至新城大桥，全长 12618 米。管廊内敷设给水管线、供热管线、电力电缆、通信管道、压力污水管道。同时，配套建设消防、通风、安防、排水、监控与报警等附属设施。

8. 吉林市城市地下综合管廊（新城大路）工程

项目所在地：吉林市

项目总投资：192277.26 万元

运作形式：BOT

政府参与方式：特许经营

时间：2018 年 6 月至 2021 年 11 月

建设内容：吉林市"重大市政工程"，西起温德河街，东至规划路十七，沿新城大路沿线布设。管廊全长 8130 米。敷设给水、供热、电力、信息、燃气 5 种市政管线。

9. 吉林高新技术产业开发区城市地下综合管廊一期工程

项目所在地：吉林市

项目总投资：538600 万元

运作形式：BOT

政府参与方式：特许经营

时间：2016 年 4 月至 2020 年 9 月

建设内容：吉林市"重大市政工程"，高新北区建设 8 条地下综合管廊工程全长 45.31 公里，管廊内敷设给水、供热、电力、电信 4 种管线。管廊结构采用现浇整体式钢筋混凝土结构。

10. 经开大街北段地下综合管廊工程

项目所在地：吉林市

项目总投资：40229.91 万元

运作形式：BOT

政府参与方式：特许经营

时间：2017 年 4 月至 2019 年 11 月

建设内容：吉林市"重大市政工程"，经开大街北段地下综合管廊工程，北至双吉南路，南至九通路，全长 2.33 公里。采用单箱四舱式断面，入廊管线包括给水、污水、燃气、电力、热力、通信和预留工业水给水管线。同时配套建设消防、通风、排水、监控与报警等附属设施。

11. 九江大路地下综合管廊工程

项目所在地：吉林市

项目总投资：99536.43 万元

运作形式：特许经营

政府参与方式：BOT

时间：2017 年 4 月至 2019 年 10 月

建设内容：九江大路地下综合管廊工程，北至双吉南路，南至九通路，全长 4.6 公里。采用单箱四舱式断面，入廊管线包括给水、污水、燃气、电力、热力、通信和预留工业水给水管线。同时配套建设消防、通风、排水、监控与报警等附属设施。

12. 吉林市六水厂新建

项目所在地：吉林市

项目总投资：43900 万元

运作形式：股权合作

政府参与方式：BOO

时间：2017 年 9 月至 2018 年 12 月

建设内容：规划建设总规模 60 万吨/日，一期工程建设规模 20 万吨/日。

13. 磐石市应急供水工程

项目所在地：磐石市

项目总投资：19000 万元

运作形式：股权合作

政府参与方式：BLT

时间：2016 年 9 月至 2018 年 9 月

建设内容：项目主要由取水口、输水管线和净水厂组成。利用郭大院水库和赵家街水库两座现有小型水库以及两座水库到集中橡胶坝之间的区间泉水联合向磐石城区供水，日供水量 1.8 万吨/日，净水厂规模为 2.4 万吨/日。

14. 国电吉林热电厂热源改造工程

项目所在地：吉林市

项目总投资：32000 万元

运作形式：BOO

政府参与方式：股权合作

时间：2015 年 8 月至 2016 年 11 月

建设内容：建设 3 台 116 兆瓦循环硫化床锅炉，建成后可实现供热能力 500 万平方米。

15. 吉林中新食品区创新创业孵化基地（标准化厂房一期）项目

项目所在地：吉林市

项目总投资：15300 万元

运作形式：TOT

政府参与方式：特许经营

时间：2013 年 5 月至 2015 年 7 月

建设内容：吉林省吉林市吉林中新（中国—新加坡）食品区重大市政工程占地面积 51817 平方米，建筑面积 49180.25 平方米。共有 6 栋轻钢结构标准化厂房，并配套建设水、电、气辅助设施。

16. 吉林市哈达湾区域生态修复及海绵城市建设项目

项目所在地：吉林市

项目总投资：900556.07 万元

运作形式：BOT

政府参与方式：政府付费

时间：2018 年至 2022 年

建设内容：吉林市"重大市政工程"，本项目包括企业拆迁补偿、海绵型道路与广场、海绵型公园与绿地、水体治理与修复、排水与调蓄设施五大类共计 18 个子项目。

17. 吉林市新北污水处理厂一期工程

项目所在地：吉林市

项目总投资：8673.56 万元

运作形式：BOT

政府参与方式：股权合作

时间：2015 年 7 月至 2017 年 6 月

建设内容：污水处理远期总规模为 4.5 万立方米/日，一期污水处理规模为 1.5 万立方米/日。污水处理工艺采用 A^2/O 工艺，排放标准达到《城镇污水处理厂污染物排放标准》中规定的一级 A 标准。

18. 吉林市污水处理（二期）项目

项目所在地：吉林市

项目总投资：34000 万元

运作形式：BOO

政府参与方式：股权合作

时间：2014 年 10 月至 2017 年 12 月

建设内容：污水处理厂二期扩建工程。二期扩建规模为 15 万立方米每天，采用膜生物反应器（MBR）污水处理工艺，出水水质达到一级 A 标准。

七 白山市已签约 PPP 模式项目

1. 白山市地下综合管廊建设项目

项目所在地：白山市

项目总投资：149100 万元

运作形式：BOST

政府参与方式：股权合作、财政补贴

时间：2015 年 7 月至 2020 年 10 月

建设内容：吉林省白山市浑江区、江源区"重大市政工程"，2015～2020 年计划建设 51.8 公里（含管沟 12.6 公里）

2. 白山市餐厨垃圾处理项目和收运体系

项目所在地：白山市

项目总投资：6196.8 万元

运作形式：特许经营

政府参与方式：BOO

时间：2016 年 8 月至 2017 年 12 月

建设内容：白山市江源区"重大市政工程"，本工程规模为日处理 50t/d 餐厨垃圾量，主要服务范围为浑江区和江源区。主要建设内容为餐厨预处理系统 1 套、调配池 300m³×2 座及配套设施、厌氧单元 CSTR 反应器 2500m³×2 座及配套设施、柔性气柜 1500m³×1 座及配套设施、干法脱硫设备 1 套、固液分离设备 1 套、加热系统、除臭系统、消防系统、2t/h 油气两用锅炉、250kW 沼气发电机、自控系统及智能化系统等。

3. 白山市生活垃圾焚烧处理项目

项目所在地：白山市

项目总投资：33901.09 万元

运作形式：BOO

政府参与方式：特许经营

时间：2018 年 5 月至 2019 年 7 月

建设内容：白山市江源区"重大市政工程"，本期焚烧处理生活垃圾量 500t/d，配套建设 1×650t/d 机械预处理线、1×500t/d CFB 垃圾焚烧锅炉、1×N12MW 汽轮发电机组，预留扩建场地。

其中入场垃圾处理量为 650t/d。规划焚烧处理生活垃圾量 1000t/d，配套建设 2×650t/d 机械预处理线、2×500t/d CFB 垃圾焚烧锅炉、2×N12MW 汽轮发电机组，其中入场垃圾处理 1300t/d。

4. 抚松新城松泉路道路工程

项目所在地：白山市

项目总投资：46903.8 万元

运作形式：BOT

政府参与方式：特许经营、财政补贴

时间：2018 年 5 月至 2021 年 6 月

建设内容：道路建设工程、给水工程、排水工程、照明工程及跨黄泥河桥梁工程等。

八　白城市已签约 PPP 模式项目

1. 白城市海绵城市建设老城区积水点综合整治与水环境综合保障项目

项目所在地：白城市

项目总投资：139500 万元

运作形式：BOT

政府参与方式：经营性收费、购买服务

时间：2015 年 8 月至 2017 年 11 月

建设内容："重大市政工程"、82 个建筑与小区改造工程、22 条城市路网改造工程、4 个公园广场改造工程及市政污雨水管网改造工程。

2. 白城市区地下综合管廊工程

项目所在地：白城市

项目总投资：40854 万元

运作形式：BOT

政府参与方式：财政补贴

时间：2015 年 1 月至 2019 年 11 月

建设内容：白城市"重大市政工程"，新建老城区新华路等 11 条街路地下缆线管廊长度 30.18 公里，长庆南街、丽江路穿越铁路段综合管廊 0.224 公里，合计 30.4 公里。

3. 白城市洮北区生活垃圾焚烧发电项目

项目所在地：白城市

项目总投资：35000 万元

运作形式：BOT

政府参与方式：购买服务、财政补贴、匹配资源

时间：2017 年 9 月至 2019 年 5 月

建设内容：规划市行政区域内日处理垃圾 700 吨生活垃圾焚烧发电厂 1 座，服务于市区、洮北区、镇赉县等各乡镇、村屯。

九 延边朝鲜族自治州已签约 PPP 模式项目

1. 和龙市边境经济合作区 2015～2018 年地下综合管廊建设项目

项目所在地：吉林省延边朝鲜族自治州和龙市

项目总投资：35000

运作形式：BOT

政府参与方式：特许经营

时间：2017 年 9 月至 2020 年 1 月

建设内容：建设 4.2 公里地下综合管廊。

2. 延吉市城市地下综合管廊系统工程（一期）

项目所在地：吉林省延边朝鲜族自治州延吉市

项目总投资：251000 万元

运作形式：BOT

政府参与方式：特许经营

时间：2015 年 7 月至 2020 年 12 月

建设内容：建设 16.44 公里地下综合管廊以及附属设施。管廊分三舱、四舱等断面形式，入廊管线包括供热、供水、燃气、电力、广电以及各种通信管线。

3. 图们市生活垃圾焚烧发电项目

项目所在地：吉林省延边朝鲜族自治州图们市

项目总投资：24600 万元

运作形式：BOT

政府参与方式：特许经营

时间：2017 年 9 月至 2019 年 6 月

建设内容：一期建设一台 600 吨/日循环流化床焚烧炉、一台 9 兆瓦/小时凝汽式汽轮发电机组。

4. 图们市热电联产项目

项目所在地：吉林省延边朝鲜族自治州图们市

项目总投资：74466 万元

运作形式：BOT

政府参与方式：特许经营

时间：2018 年 5 月至 2019 年 12 月

建设内容：图们市集中供热一次网全新铺设；二次网全市改造；18 个换热站的建设；五工村、铁路锅炉房作为调峰锅炉房分别增加到 60 吨、80 吨；4 台 100 吨蒸汽炉；4 台 12 兆瓦发电机组；土建。

5. 中能环保生活垃圾集中处理项目

项目所在地：吉林省延边朝鲜族自治州敦化市

项目总投资：28497 万元

运作形式：BOT

政府参与方式：特许经营

时间：2016 年 8 月 1 日至 2018 年 12 月 30 日

建设内容：本项目规划建设规模为两炉两机，具有日处理垃圾 700 吨、年处理垃圾 23.33 万吨的能力。

6. 敦化市地下通信管网项目

项目所在地：吉林省延边朝鲜族自治州敦化市

项目总投资：11730 万元

运作形式：BOT

政府参与方式：特许经营

时间：2016 年 6 月 1 日至 2018 年 6 月 30 日

建设内容：建设总长度 460 公里长地下管网。

7. 通信及信息化基础设施投资建设项目

项目所在地：吉林省延边朝鲜族自治州敦化市

项目总投资：16800 万元

运作形式：BOT

政府参与方式：特许经营

时间：2016 年 6 月 30 日至 2018 年 6 月

建设内容：将通信线路由地上转入地下管道，加快信息化基础设施建设；共建设 528 个基站，每个基站占地面积 20 平方米，总计 10560 平方米。

8. 珲春市城市地下综合管廊一期工程

项目所在地：吉林省延边朝鲜族自治州珲春市

项目总投资：71756 万元

运作形式：BOT

政府参与方式：特许经营

时间：2016 年 6 月 30 日至 2017 年 12 月 30 日

建设内容：城市地下综合管廊一期工程长度 5.35 公里，入廊管线有电力、热力、给水、中水、电信、联通等各种管线。

9. 龙井市中心城区 2015～2018 年地下综合管廊建设项目

项目所在地：吉林省延边朝鲜族自治州龙井市

项目总投资：67753 万元

运作形式：BOT

政府参与方式：特许经营

时间：2016 年 8 月 25 日至 2018 年 12 月 31 日

建设内容：地下综合管廊建设。

附录 2

国家发布的 PPP 模式政策

一　国务院相关政策

（1）《国务院关于加强城市基础设施建设的意见》（国发〔2013〕36 号）

（2）《国务院关于加强地方政府性债务管理的意见》（国发〔2014〕43 号）

（3）《国务院关于深化预算管理制度改革的决定》（国发〔2014〕45 号）

（4）《国务院关于发布政府核准的投资项目目录（2014 年本）的通知》（国发〔2014〕53 号）

（5）《国务院关于创新重点领域投融资机制鼓励社会投资的指导意见》（国发〔2014〕60 号）

（6）《国务院办公厅关于政府向社会力量购买服务的指导意见》（国办发〔2013〕96 号）

（7）《国务院办公厅转发财政部发展改革委人民银行关于在公共服务领域推广政府和社会资本合作模式指导意见的通知》（国办

发〔2015〕42 号）

（8）《国务院办公厅转发财政部人民银行银监会关于妥善解决地方政府融资平台公司在建项目后续融资问题意见的通知》（国办发〔2015〕40 号）

（9）《国务院关于印发推进财政资金统筹使用方案的通知》（国发〔2015〕35 号）

（10）《国务院关于进一步做好城镇棚户区和城乡危房改造及配套基础设施建设有关工作的意见》（国发〔2015〕37 号）

（11）《国务院办公厅关于加快电动汽车充电基础设施建设的指导意见》（国办发〔2015〕73 号）

（12）《国务院办公厅关于推进海绵城市建设的指导意见》（国办发〔2015〕75 号）

（13）《中共中央办公厅　国务院办公厅印发〈关于进一步完善中央财政科研项目资金管理等政策的若干意见〉》

（14）《国务院关于国有企业发展混合所有制经济的意见》（国发〔2015〕54 号）

（15）《国务院办公厅关于推进城市地下综合管廊建设的指导意见》（国办发〔2015〕61 号）

（16）《国务院办公厅转发卫生计生委等部门关于推进医疗卫生与养老服务相结合指导意见的通知》（国办发〔2015〕84 号）

（17）《中共中央　国务院关于深化投融资体制改革的意见》（中发〔2016〕18 号）

（18）《国务院关于印发 2016 年推进简政放权放管结合优化服务改革工作要点的通知》（国发〔2016〕30 号）

（19）《国务院关于印发土壤污染防治行动计划的通知》（国发〔2016〕31 号）

（20）《国务院办公厅关于创新农村基础设施投融资体制机制的指导意见》（国办发〔2017〕17 号）

（21）《国务院办公厅关于促进开发区改革和创新发展的若干意见》（国办发〔2017〕7 号）

（22）《国务院办公厅关于全面放开养老服务市场提升养老服务质量的若干意见》（国办发〔2016〕91 号）

（23）《国务院关于实行中央对地方增值税定额返还的通知》（国发〔2016〕71 号）

（24）《国务院办公厅关于印发地方政府性债务风险应急处置预案的通知》（国办函〔2016〕88 号）

（25）《国务院办公厅关于建立国有企业违规经营投资责任追究制度的意见》（国办发〔2016〕63 号）

（26）《国务院办公厅关于推动中央企业结构调整与重组的意见指导》（国办发〔2016〕56 号）

二　国家发展改革委相关政策

（1）《国家发展改革委关于开展政府和社会资本合作的指导意见》（发改投资〔2014〕2724 号）

（2）《国家发展改革委关于发布首批基础设施等领域鼓励社会投资项目的通知》（发改基础〔2014〕981 号）

（3）《政府和社会资本合作项目通用合同指南（2014 年版）》

（4）《关于加快推进健康与养老服务工程建设的通知》（发改投资〔2014〕2091 号）

（5）《国家发展改革委　国家开发银行关于推进开发性金融支持政府和社会资本合作有关工作的通知》（发改投资〔2015〕445 号）

（6）《关于鼓励和引导社会资本参与重大水利工程建设运营的实施意见》（发改农经〔2015〕488号）

（7）《国家发展改革委关于切实做好〈基础设施和公用事业特许经营管理办法〉贯彻实施工作的通知》（发改法规〔2015〕1508号）

（8）《关于进一步鼓励和扩大社会资本投资建设铁路的实施意见》（发改基础〔2015〕1610号）

（9）《关于开展社会资本参与重大水利工程建设运营第一批试点工作的通知》（发改办农经〔2015〕1274号）

（10）《国家发展改革委办公厅关于充分发挥企业债券融资功能支持重点项目建设促进经济平稳较快发展的通知》（发改办财金〔2015〕1327号）

（11）《关于进一步鼓励和扩大社会资本投资建设铁路的实施意见》（发改基础〔2015〕1610号）

（12）《关于加强城市停车设施建设的指导意见》（发改基础〔2015〕1788号）

（13）《国家发展改革委 住房和城乡建设部关于城市地下综合管廊实行有偿使用制度的指导意见》（发改价格〔2015〕2754号）

（14）《国家发展改革委 中国证监会关于推进传统基础设施领域政府和社会资本合作（PPP）项目资产证券化相关工作的通知》（发改投资〔2016〕2698号）

（15）《国家发展改革委 住房城乡建设部关于开展重大市政工程领域政府和社会资本合作（PPP）创新工作的通知》（发改投资〔2016〕2068号）

（16）《国家发展改革委关于印发〈传统基础设施领域实施政府和社会资本合作项目工作导则〉的通知》（发改投资〔2016〕2231号）

（17）《国家发展改革委办公厅关于请报送传统基础设施领域 PPP 项目典型案例的通知》（发改办投资〔2016〕1963 号）

（18）《国家发展改革委关于切实做好传统基础设施领域政府和社会资本合作有关工作的通知》（发改办投资〔2016〕1744 号）

（19）《关于加快投资项目在线审批监管平台应用的通知》（发改投资〔2016〕1010 号）

（20）《国家发展改革委办公厅关于国家高速公路网新建政府和社会资本合作项目批复方式的通知》（发改办基础〔2016〕1818 号）

（21）《传统基础设施领域政府和社会资本合作（PPP）项目库管理办法（试行）》

（22）《国家发展改革委　国家林业局关于运用政府和社会资本合作模式推进林业建设的指导意见》（发改农经〔2016〕2455 号）

（23）《国家发展改革委　农业部关于推进农业领域政府和社会资本合作的指导意见》（发改农经〔2016〕2574 号）

（24）《国家发展改革委办公厅　交通运输部办公厅关于进一步做好收费公路政府和社会资本合作项目前期工作的通知》（发改办基础〔2016〕2851 号）

（25）《国家发展改革委　住房城乡建设部关于进一步做好重大市政工程领域政府和社会资本合作（PPP）创新工作的通知》（发改投资〔2017〕328 号）

（26）《国家发展改革委　交通运输部关于进一步贯彻落实"三大战略"发挥高速公路支撑引领作用的实施意见》（发改基础〔2016〕2806 号）

（27）《国家发展改革委关于加快运用 PPP 模式盘活基础设施存量资产有关工作的通知》（发改投资〔2017〕1266 号）

三 财政部相关政策

（1）《财政部关于推广运用政府和社会资本合作模式有关问题的通知》（财金〔2014〕76 号）

（2）《关于公共基础设施项目享受企业所得税优惠政策问题的补充通知》（财税〔2014〕55 号）

（3）《财政部关于印发政府和社会资本合作模式操作指南（试行）的通知》（财金〔2014〕113 号）

（4）《财政部关于政府和社会资本合作示范项目实施有关问题的通知》（财金〔2014〕112 号）

（5）《财政部 民政部 工商总局关于印发〈政府购买服务管理办法（暂行）〉的通知》（财综〔2014〕96 号）

（6）《财政部关于规范政府和社会资本合作合同管理工作的通知》（财金〔2014〕156 号）

（7）《政府采购非招标采购方式管理办法》（财政部令第 74 号）

（8）《关于开展中央财政支持海绵城市建设试点工作的通知》（财建〔2014〕838 号）

（9）《财政部关于印发〈政府采购竞争性磋商采购方式管理暂行办法〉的通知》（财库〔2014〕214 号）

（10）《财政部关于印发〈政府和社会资本合作项目政府采购管理办法〉的通知》（财库〔2014〕215 号）

（11）《财政部关于印发〈地方政府存量债务纳入预算管理清理甄别办法〉的通知》（财预〔2014〕351 号）

（12）《关于组织申报 2015 年海绵城市建设试点城市的通知》（财办建〔2015〕4 号）

（13）《财政部　住房城乡建设部关于市政公用领域开展政府和社会资本合作项目推介工作的通知》（财建〔2015〕29 号）

（14）《财政部关于印发〈政府和社会资本合作项目财政承受能力论证指引〉的通知》（财金〔2015〕21 号）

（15）《关于推进水污染防治领域政府和社会资本合作的实施意见》（财建〔2015〕90 号）

（16）《关于在收费公路领域推广运用政府和社会资本合作模式的实施意见》（财建〔2015〕111 号）

（17）《关于运用政府和社会资本合作模式推进公共租赁住房投资建设和运营管理的通知》（财综〔2015〕15 号）

（18）《财政部　民政部　工商总局关于印发〈政府购买服务管理办法（暂行）〉的通知》（财综〔2014〕96 号）

（19）《关于进一步做好政府和社会资本合作项目示范工作的通知》（财金〔2015〕57 号）

（20）《关于印发〈城市管网专项资金管理暂行办法〉的通知》（财金〔2015〕201 号）

（21）《关于政府采购竞争性磋商采购方式管理暂行办法有关问题的补充通知》（财库〔2015〕124 号）

（22）《关于印发〈排污权出让收入管理暂行办法〉的通知》（财税〔2015〕61 号）

（23）《关于印发〈政府投资基金暂行管理办法〉的通知》（财预〔2015〕210 号）

（24）《关于实施政府和社会资本合作项目以奖代补的通知》（财金〔2015〕158 号）

（25）《关于印发〈PPP 物有所值评价指引（试行）〉的通知》（财金〔2015〕167 号）

（26）《关于对地方政府债务实行限额管理的实施意见》（财预〔2015〕225 号）

（27）《关于"十三五"新能源汽车充电基础设施奖励政策及加强新能源汽车推广应用的通知》（财建〔2016〕7 号）

（28）《关于通过政府购买服务支持社会组织培育发展的指导意见》（财综〔2016〕54 号）

（29）《关于印发〈政府和社会资本合作项目财政管理暂行办法〉的通知》（财金〔2016〕92 号）

（30）《关于进一步共同做好政府和社会资本合作（PPP）有关工作的通知》（财金〔2016〕32 号）

（31）《关于印发〈财政部政府和社会资本合作（PPP）专家库管理办法〉的通知》（财金〔2016〕144 号）

（32）《关于开展 2016 年中央财政支持海绵城市建设试点工作的通知》（财办建〔2016〕25 号）

（33）《关于印发〈普惠金融专项发展专项资金管理办法〉的通知》（财办建〔2016〕75 号）

（34）《关于印发〈政府和社会资本合作（PPP）综合信息平台信息公开管理暂行办法〉的通知》（财金〔2017〕1 号）

参考文献

A. 期刊

党秀云、杨继红：《公共服务公私合作供给中的困境与对策选择》，《教学与研究》2011 年第 12 期。

董光耀：《PPP：规则的探索之路》，《中国投资》2015 年第 2 期。

董再平：《中国 PPP 模式的内涵、实践和问题分析》，《理论月刊》2017 年第 2 期。

杜亚灵、闫鹏：《PPP 项目缔约风险控制框架研究——基于信任提升与维持的视角》，《武汉理工大学学报》（社会科学版）2013 年第 6 期。

郭勇、郑传军、王炳监：《PPP 模式的治理作用——基于公共治理视角的分析》，《国际经济合作》2016 年第 7 期。

贾康、孙洁：《公私伙伴关系（PPP）的概念、起源、特征与功能》，《财政研究》2009 年第 10 期。

焦小平：《我国 PPP 改革的背景、逻辑及路径》，《中国财政》2016 年第 22 期。

李秀辉、张世英：《PPP：一种新型的项目融资方式》，《中国软科学》2002 年第 2 期。

李秀辉、张世英：《PPP 与城市公共基础设施建设》，《城市规划》 2002 年第 7 期。

刘薇：《PPP 模式理论阐释及其现实例证》，《改革》2015 年第 1 期。

刘振、李泽正：《金融机构参与 PPP 项目的若干重点问题》，《宏观 经济管理》2016 年第 10 期。

史可：《PPP 再解构》，《新理财》2015 年第 1 期。

宋樊君、温来成：《我国 PPP 法律制度建设的现状、问题及对策》， 《税收经济研究》2017 年第 1 期。

王晓姝、范家瑛：《交通基础设施 PPP 项目中的关键性风险识别与 度量》，《工程管理学报》2016 年第 4 期。

王周喜、张勇：《PPP 融资模式在西部基础设施建设中的可行性分 析》，《西北农林科技大学学报》（社会科学版）2003 年第 2 期。

肖瑶、许模：《PPP 项目失败案例分析——以杭州湾跨海大桥为 例》，《中文科技期刊数据库（全文版）工程技术》2017 年 8 月。

肖瑶：《PPP 融资模式在我国的发展现状及相关问题研究》，《中国 商论》2016 年第 10 期。

闫海龙：《英国 PPP 模式发展经验借鉴及对我国的启示》，《商业经 济研究》2016 年第 12 期。

张欢：《基础设施建设 PPP 模式的风险分担机制与国际经验借鉴》， 《甘肃金融》2015 年第 1 期。

张莉：《发达国家 PPP 运作经验及其启示》，《群众》2015 年第 1 期。

章昀月、张云宁、欧阳红祥:《PPP 模式下基础设施项目合作伙伴选择研究》,《工程管理学报》2016 年第 4 期。

赵晔:《我国 PPP 项目失败案例分析及风险防范》,《地方财政研究》2015 年第 6 期。

朱明勇:《轨道交通网运——分离模块组合的 PPP 运作模式》,《中国商论》2016 年第 3 期。

朱晓龙:《法国公私合作模式(PPP)及经验启示》,《经济研究参考》2017 年第 47 期。

Doh, J. P., Ramamurti, R., "Risk in Developing Country Infrastructure." *Long Range Planning*, 2003, 36: 337 – 353.

Glumac, B., Han, Q., Schaefer, W., vander Krabben, E., "Negotiation Issues in Forming Public-private-partnerships for Brownfield Redevelopment: Applying a Game Theoretical Experiment." *Land Use Policy*, 2015.

Hwang, B. G., Zhao, X., Gay, M. J. S., "Public Private Partnership Projects in Singapore: Factors, Critical Risks and Preferred Risk Allocation from the Perspective of Contractors." *International Journal of Project Management*, 2013, 31 (3).

Jonathan, P. D., Ramamurli, R., "Reassessing Risk in Developing Country Infrastructure." *Long Range Planning*, 2003: 337 – 353.

Lossa, E., Martimort, D., "The Simple Microeconomics of Public-private-partnerships." *Journal of Public Economic Theory*, 2015, 17 (1): 4 – 48.

Seeper, G., Bisnath, S., "Challenges in Assessing PPP Performance." *Journal of Applied Geodesy*, 2014, 8 (3).

Ysa, T., "Govemanc Forms in Urban Public-private Partnership." *In-*

ternational Public Management Journal，2007，10（1）：50 – 52.

Yang，T.，Long，R.，Cui，X.，Zhu，D.，Chen，H.，"Application of the Public-private Partnership Model to Urban Sewage Treatment." *Journal of Cleaner Production*，2016.

B. 专著

曹闻民：《政府职能论》，人民出版社，2008。

达霖·格里姆赛、莫文·K. 刘易斯：《PPP 革命：公共服务中的政府和社会资本合作》，济邦咨询公司译，中国人民大学出版社，2016。

E. S. 萨瓦斯：《民营化与公私部门的伙伴关系》，周志忍译，中国人民大学出版社，2002。

傅宏宇、张秀：《政府与社会资本合作（PPP）法律问题国别研究》，中国法制出版社，2016。

柯永建、王守清编著《特许经营项目融资（PPP）——风险分担管理》，清华大学出版社，2011。

李传军：《管理主义的终结——服务型政府兴起的历史与逻辑》，中国人民大学出版社，2007。

林华主编《PPP 与资产证券化》，中信出版集团，2016。

吕汉阳主编《PPP 模式全流程指导与案例分析》（第 1 版），中国法制出版社，2016。

珍妮特·V. 登哈特、罗伯特·B. 登哈特：《新公共服务：服务，而不是掌舵》，丁煌译，中国人民大学出版社，2010。

王增忠主编《公私合作制（PPP）的理论与实践》，同济大学出版社，2015。

维托·坦茨:《政府与市场——变革中的政府职能》,王宇等译,
　　商务印书馆,2014。

周建亮:《城市基础设施民营化的政府监管》,同济大学出版社,
　　2010。

周兰萍主编《PPP 项目运作实务》,法律出版社,2016。

Rosenau, P. V. , *Public Private Policy Partnerships.* Cambridge, Mass:
　　MIT Press, 2000.

图书在版编目（CIP）数据

吉林省 PPP 模式运行现状与发展对策研究 / 李硕等著
. -- 北京：社会科学文献出版社，2024.1
ISBN 978 - 7 - 5228 - 3084 - 1

Ⅰ. ①吉…　Ⅱ. ①李…　Ⅲ. ①政府投资 - 合作 - 社会
资本 - 研究 - 吉林　Ⅳ. ①F832.734②F124.734

中国国家版本馆 CIP 数据核字（2024）第 019316 号

吉林省 PPP 模式运行现状与发展对策研究

著　　者 / 李　硕　李　阳　刘宇涛　刘东来

出 版 人 / 冀祥德
组稿编辑 / 任文武
责任编辑 / 方　丽　张丽丽
文稿编辑 / 王　敏
责任印制 / 王京美

出　　版 / 社会科学文献出版社·城市和绿色发展分社（010）59367143
　　　　　　地址：北京市北三环中路甲 29 号院华龙大厦　邮编：100029
　　　　　　网址：www. ssap. com. cn
发　　行 / 社会科学文献出版社（010）59367028
印　　装 / 三河市东方印刷有限公司

规　　格 / 开　本：787mm×1092mm　1/16
　　　　　　印　张：12　字　数：145 千字
版　　次 / 2024 年 1 月第 1 版　2024 年 1 月第 1 次印刷
书　　号 / ISBN 978 - 7 - 5228 - 3084 - 1
定　　价 / 88.00 元

读者服务电话：4008918866

版权所有 翻印必究